Konrad Rothenhäusler

Die Abteien und Stifte des Herzogthums Württemburg

im Zeitalter der Reformation

Konrad Rothenhäusler

Die Abteien und Stifte des Herzogthums Württemburg
im Zeitalter der Reformation

ISBN/EAN: 9783743490390

Hergestellt in Europa, USA, Kanada, Australien, Japan

Cover: Foto ©ninafisch / pixelio.de

Manufactured and distributed by brebook publishing software (www.brebook.com)

Konrad Rothenhäusler

Die Abteien und Stifte des Herzogthums Württemburg

katholischen Geistlichen abgefordert und Alles in den früheren Stand versetzt werde.[1] Nach Sattler scheinen sich jedoch die Jesuiten nicht gefügt zu haben, denn er berichtet (Herzoge VII. 219): „Es wurde von den Jesuiten als angeblichen Administratoren der Pröbste zu Stuttgart, Tübingen und Baknang in den Pfarrkirchen die Uebung der katholischen Religion mit großer Verhinderung der augsburgischen Confessions-Verwandten beharret." Den 7. Mai 1639 erhielt das Stift, gleich wie einige andere Stifte, einen kaiserlichen Schutzbrief, welcher an der Thüre der Stiftskirche angeschlagen wurde. Der westphälische Friede brachte das Stift wieder an Württemberg. Der Stiftsverwalter der Jesuiten, Michael Weidenhiller, übergab 1648 die Schlüssel zur Kirche und zum Stiftsgebäude, bat jedoch noch um einen Aufschub von 3 Wochen zum Dreschen der Zehentfrüchte,[2] was ihm bewilligt wurde.

Von der ursprünglichen Anlage der Stiftskirche, einer frühromanischen Basilika, dem hl. Pancratius geweiht, stehen noch die 2 Thürme. Der gothische Chor der hoch auf dem Schloßberg gelegenen Stiftskirche stammt aus dem 15. Jahrhundert.[3]

Pröbste in Baknang: Berthold 1124; Stephan 1165; Albero 1182; Konrad 1214—1230; Diether 1231—1233; Heinrich 1244—1260; Konrad, † 1271; Eberhard, † 1278; Konrad 1290, † 1308; Beringer 1319 † 1339; Sigfried von Welzheim 1350, † 1354; Sigfrid von Baumgarten 1365, † 1377; Sigfried von Leonberg 1377, † 1399; Ulrich Fetzer 1399—1413; Ulrich von Winkenthal 1413—20; Wilhelm von Lichtenstern 1420—1450; Johannes Hagen 1453—1466; Jakob Wick 1476—1492; Peter Jakobi von Arlun, kaiserlicher Rath, Begleiter Eberhards auf seiner Rom-Reise, Chorherr zu Stuttgart, Kirchherr zu Waiblingen, Erzieher des Herzogs Ulrich † 13. Mai 1599.[4] Jakob Schreiber, genannt Lorcher, † 1551; Johann Christoph von Zimmern 1551—1557.

[1] Sattler, Herzoge VII. Beilage 58.
[2] Das Stift Baknang hatte in 61 Orten den Großzehnten.
[3] Oberamtsbeschreibung 126.
[4] Ueber den Probst Jakobi vgl. Heyd in Klaiber, Studien der evangelischen Geistlichkeit Württembergs. Bd. III.; Stälin III. 591, IV. 54 und 69.

XIX. Das Collgiat-Stift Oberhofen.

Zu Oberhofen bei Göppingen war eine der seligsten Jungfrau Maria und dem hl. Martin geweihte Kirche, bis 1620 Pfarrkirche von Göppingen. Ulrich, der Vielgeliebte, der für die Hebung des kirchlichen Lebens unermüdlich thätige Graf von Württemberg, beschloß, hier ein weltliches Collegiat-Stift zu gründen. Papst Nikolaus V. bestätigte diese Stiftung am 3. Mai 1548.[1] Der Probst von Stuttgart, Johann von Westernach, fungirte dabei als päpstlicher Commissär. Das Stift sollte 21 Präbenden haben, nämlich 1 Probst, 1 Scholastikus, 1 Cantor, 9 Chorherrn und 9 Vikarien, Im Jahre 1514 fehlte noch ein Chorherr und zwei Vikarien, weßhalb ein neues Canonikat und ein Vikariat errichtet wurde, ersteres als Prediger-Pfründe, letzteres als Organisten-Pfründe. Jedes Mitglied des Stiftes hatte nicht blos sein abgesondertes Einkommen, sondern auch seine besondere Wohnung. Die Wohnungen waren aber nicht in Oberhofen, sondern in der Stadt alle beisammen und von den übrigen Häusern abgeschlossen.[2] Zur Zeit als 1534 Herzog Ulrich die Regierung nach Eroberung des Landes wieder antrat, war Probst zu Oberhofen Burkard Fürderer von Stuttgart, welcher seinem Vetter Dr. Johann Fürderer in der Probsteiwürde nachfolgte als letzterer mainzischer Kanzler geworden war. Stiftsherren waren damals: M. Sebastian Danner von Göppingen, schon a. 1499 von Eberhard dem älteren ernannt, M. Hans Finbeisen von Uhingen, M. Konrad Kner von Plochingen, M. Veit Truneker von Stuttgart, Johannes Schnitzer von Göppingen, Johannes Fabri von Jebenhausen, M. Dietrich Weiler, M. Bastian Leser von Schorndorf und Heinrich Schmalnek von Owen nebst 8 Vikarien.[3] Schon am 21. August 1534 befahl Herzog Ulrich dem Kellerer zu Göppingen „dennach viele Präbenden uf unserem Stift in

---

[1] Cleß. 2 b., 255.
[2] Oberamtsbeschreibung Seite 112 und 149.
[3] Schmiblin Mscr. im St.-A.

unserm Abwesen hingeliehen werden, solche Collatur aber Uns allein zugehörig gewesen", so sollen die Einkünfte gesperrt werden. Herzog Ulrich verfuhr nemlich bei den Stiften allgemein nach dem Grundsatz, daß die Verleihung von Stiftspräbenden des herzoglichen Patronats durch die österreichische Regierung nichtig sein solle. Es wurde dann am folgenden 15. September ein lutherischer Prediger nach Göppingen geschickt. Am Samstag nach Mariä Geburt 1536 nehmen folgende Chorherrn zu Oberhofen ein Leibgeding an, „weil das Stift in Aenderung gekommen": Meister Sebastian Leser, Sebastian Dainer, Conrad Kner, Georg Schwab, Johannes Schnitzer.[1] Am 20. Oktober 1536 schickt Herzog Ulrich einen Befehl[2] an Wilhelm von Massenbach, Obervogt zu Göppingen: Er solle in Göppingen und Faurnbau jeden Stiftsherrn vor sich fordern und ihm den Leibgedingsbrief gegen Revers einhändigen, „ob sie dann solches oder anderer Punkten halb einig Einred haben würden, alsdann wollest sie füglich davon weisen, mit Anzeigung, daß es also allen andern in glichem Fall auch in ihre Brief, so sie angenommen, gestellt worden, darumb wellend sie deß keine Beschwerung haben, denn er werd sie in Ansehung ihres Alters noch wider ihr Gewissen nit binden, wie dann Thoma Hagen us unserm Befehl dir deßhalb fernern mündlichen Bericht geben wurdet". Es zeigt dieser Befehl, daß die Chorherrn, wenigstens die Alten, ihrer Religion treu bleiben wollten. Am 17. Februar 1537 dankte Probst Burkard Fürderer ab und überantwortete die Probstei dem Herzog,[3] jedoch mit dem Vorbehalt: wenn ein allgemeines Concil zu seinen Lebzeiten eine christliche Vereinigung bringe, so soll dieser Verzicht seinen Rechten keinen Eintrag thun, an Leibgeding solle er 120 fl. erhalten. Die Vereinbarung kam zu Stande durch die Vermittlung der Stadt Ulm. Der schon früher genannte Meister Martin Cleß (von Uhingen, daher auch Martin Uhinger) hatte seit 1516 die neu gestiftete Prediger-Pfründe im Stift, wurde schon frühzeitig, wie manche andere seiner Collegen auf den vielen mit so frommer Meinung gegründeten Prediger-Pfründen, ein Anhänger Luthers und mußte deßhalb fliehen. Herzog Ulrich rief ihn 1536 wieder zurück und er wurde der erste protestantische Pfarrer von Göppingen. Nach dem schmalkadischen Krieg wurde der katholische Gottesdienst im Stift wieder hergestellt und die Prediger-Pfründe im Januar 1549 dem Johannes Uracher eingeräumt, welchem 1551 Joachim Konberger folgte. Die übrigen Präbenden wurden nicht besetzt, so daß von einer wirklichen Restitution nicht die Rede war. Schon 1552 wurde der katholische Gottesdienst wieder abgeschafft. Die Canonikats-Pfründen wurden zur geistlichen Verwaltung

---

[1] Staatsarchiv. Leibgedings-Reverse der Obigen.
[2] Staatsarchiv. d. Stuttgart, 20. Oktober 1536.
[3] Staatsarchiv. d. wie oben.

eingezogen. Im Jahre 1552 wurde Pfarrer zu Göppingen Jakob Andreä, der spätere Kanzler der Universität. Am 24. April 1554 bittet er, man möchte ihm eine der acht noch verfügbaren Stiftsbehausungen abtreten gegen Bezahlung, es haben auch Meister Martin Uhinger, Chorherr, und Bonaventura Stehelin für ihre Weiber und Kinder Pfründhäuser in Göppingen um je 80 fl. gekauft. Nach dem Restitutions=Edikt von 1629 wurde auch das Stift Oberhofen den Katholiken zurückgegeben. Sattler, Herzoge VII. 186 sagt, das Stift sei einem Canonikus zu Regensburg übergeben worden. Wie Blaubeuren, so kam seit 1635 auch Stadt und Amt Göppingen in den Besitz der österreichischen Erzherzogin Claubia, welche die katholische Religion wieder in Besitzstand setzte und die protestantischen Prediger entfernte. Am 16. Januar 1639 nahmen die Jesuiten von dem Stifte Oberhofen Besitz. Taufen und Copulationen mußten von katholischen Priestern vollzogen werden. Diejenigen, welche sich dessen weigerten, wurden eingesperrt, denn wie hundert Jahre früher gegen die Katholiken, so wurde jetzt gegen die Protestanten der Grundsatz angewendet: cujus regio ejus religio. Herzog Eberhard III. beschwerte sich darüber beim Kaiser, obgleich er selbst, wo er immer konnte, ganz nach demselben Grundsatze verfuhr. Leider gibt es immer noch solche, welche meinen, die Anwendung des cujus regio ejus religio gegen die Katholiken sei von Vernunft und Gewissen geboten gewesen, aber das gleiche Verfahren gegen die Protestanten von Seiten der Erzherzogin Claubia sei eine unmenschliche Grausamkeit. Durch den westphälischen Frieden kam das Stift Oberhofen wieder an Württemberg, und im Dezember 1648 zogen die Jesuiten ab. Die noch erhaltene gothische Stiftskirche ist um's Jahr 1436 gebaut.

Anmerkung. Mit dem Stifte Oberhofen wurde a. 1464 mit Zustimmung des Papstes Pius II. auch das Collegiat=Stift bei der Marienkirche zu Boll, Oberamt Göppingen, vereinigt, welches aus einem Probst, fünf Chorherrn, einem Pfarrer und einem Frühmesser bestanden hatte. Ueber Stift Boll vgl. Stälin Chr. Fr. II. 745; III. 738; Beschreibung des Oberamts Göppingen 167 ff.; Cleß 2 b. 252; Neugart Cod. diplom. Alem. II. 87; Stälin, Paul I. 345; Sattler, Histor. Beschrb. I. 107.

Staatsarchiv. Stift Göppingen. Am 11. August 1552 quittirt Dorothea Neibhartin, Meisterin der Sammlung zu Ulm, 20 fl. in Gold Leibgeding aus dem Stift zu Göppingen, durch den Keller daselbst empfangen.

Eine Urkunde, betreffend das Stift Unserer lieben Frau Sanct Mariä zu Oberhofen 1463, steht bei Pistorius, Gottlieb. Nachrichten und Beobachtungen, so die Amtsstadt Göppingen betreffen. Seite 63—67. Handschrift der K. Oeff. Bibl. Hist. Nr. 212.

XX. Das Collegiat-Stift Faurndau.

Schon a. 875 war zu Faurndau ein Benediktinerklösterlein mit einer Kirche „in honorem St. Mariae ubi etiam pignora sanctorum Alexandri, Eventii et Theoduli requiescunt." Im genannten Jahre schenkt König Ludwig II. der Deutsche seinem Diakon Luitprand „quoddam monasteriolum quod vocatur Furentovva." Im Jahr 895 kam das Klösterlein an St. Gallen.[1] Seit dem Jahre 1227 war das Kloster ein Collegiat-Stift. Zur Zeit der Reformation durch Herzog Ulrich 1535 war im Stifte Faurndau Probst M. Hans Schönleber und die Chorherrn Jakob Akermann, Ulrich Rath, Gregor Ruff und M. Thomas Schmid. Im Jahre 1536 überließen der Probst und das Kapitel dem Herzog die Verwaltung und die Präsentation des Probstes. Sie erklären[2] am 9. September 1536: wenn hievor ein Probst abgegangen, haben sie die Wahl eines andern gehabt; damit aber Irrung verhütet werde, so übergeben sie „unserm gnädigen Fürsten und Herrn, Herzogen Ulrichen, die Gerechtigkeit zu präsentiren aines Probsts, Rent, Gilt, Zins u. s. w. und verzeihen sich auch der Gerechtigkeit fürder zu erwelen (den Probst)". Der Probst erhielt als Leibgeding 80 fl. Geld, 35 Scheffel Frucht, Beholzung und Wohnung in einem Stiftshause zu Göppingen. Auf die Vorstellung des Untervogts bekam er einen Eimer Wein Zulage, „bieweil er ein alter, seins Leibs erlebter (abgelebter) Gesell, der gern Wein trinkt und Alles mit ime aufgehet".[3] Allein, wie in so vielen andern Fällen, so geschah es auch hier, daß das Leibgeding nicht so, wie es zugesagt war, ausgefolgt wurde. Im Jahre 1537 reicht der Probst Schonleber eine Klagschrift[4] ein, worin er sagt, daß ihm sein Leibgeding nicht voll ausbezahlt werde. Nach dem schmalkaldischen Kriege wurde (1549) auch in Faurndnau wieder katholischer Gottesdienst gehalten. Am

---
[1] Neugart. Cod. diplom. I. 397.
[2] Staatsarchiv. Stift Göppingen.
[3] Oberamtsbeschreibung. 194.
[4] Staatsarchiv. d. 24. November 1537. Pap. Copie.

4. Februar 1549 geben die Räthe ein Gutachten an den Herzog ab: „Weil Göppingen und Faurndau „in der Straß gelegen", sollten dort wieder Probsteien und einige Chorpfründen besetzt werden, der Pfarrer von Faurndau sei dort Chorherr gewesen und sollte zum Probst verordnet werden." Als Interims-Priester funktionirte in Faurndau der frühere Chorherr Jakob Akermann. Derselbe richtet im Dezember 1549 ein Bittgesuch[1] an den Herzog: er sei verordnet, Faurndau mit Messe lesen zu versehen. Man wolle ihm aber das im zustehende Weinquantum nicht geben. Der Herzog solle verschaffen, daß seine Bitte erfüllt werde. In gleicher Angelegenheit sind von ihm Bittschriften um seinen Wein vorhanden vom 28. August und 6. November 1549 (St.=A.). Am 15. Juni wird er von Thomas Keller denuncirt, als ein im Gottesdienst und Nachtmahl nachlässiger Mensch.[2] Als im Juni 1551 Michel Brodhag zum Pfarrer nach Faurndnau verordnet wurde „und er (Akermann) wieder Probst heißen solle", kam Akermann mit Brodhag in Conflikt wegen des Gütergenusses und schrieb in dieser Angelegenheit an den Herzog[3]: Er habe sich unter Herzog Ulrich verleibbingen lassen; während des Interims habe er „auf Erbitten" wieder Messe gelesen, seiner Fürstlichen Gnaden zu Gefallen. Nach einem dem 17. Jahrhundert angehörenden Schriftstück (im St.=A.) ist a. 1552 zu Faurndau Pfarrer Johann Scheuring, a. 1552 und 1553 Pfarrer zu Göppingen, Jakob Andreas Schmiblin (Andreae) mit vier Diakonen, nemlich Johann Wendel Jäger, Johann Gmählin, Martin Sartoris und Johann Philipp.

Pröbste in Faurndau: B..... prepositusde Furindowe; Heinrich von Neiblingen 1295; M. Conrad von Gmünd 1336; Engelhard von Rechberg 1345; Diether von Urbach 1363; Heinrich Kaiservischer 1369; Hans von Uhlbach c. 1370; Heinrich von Hailfingen 1399; Johannes Mesner 1431; Conrad Maiger von Nieringen 1456; Johannes Fabri 1474; Johannes Bälz 1477; Johannes Waiblinger 1490; Johannes Harzesser 1500; Bernhard Heinkeller 1505; Werner Hopp 1512; Johannes Schönleber bis 1536.[4]

---

[1] Staatsarchiv. Pap. Org. s. d. Auf der Rückseite steht: praesentat. 18. Dezember 1549.
[2] Ebendaselbst. d. wie oben.
[3] Staatsarchiv. Pap. Orig. s. d. Auf der Rückseite: praesentat. 9. Juni 51.
[4] Oberamtsbeschreibung. 193.

XXI. Regulirtes Chorherrn-Stift Sindelfingen.

Zu Sindelfingen, im Oberamt Böblingen, einst zur Diöcese Constanz gehörend, stiftete nach dem Cronicon Sindelfingense ein Graf Albert Arinbart (Adalbert II. von Calw)[1] mit seiner Gemahlin Wilcha ein Benediktinerkloster. Bald darauf versetzte er jedoch die Mönche nach Hirschau und baute an der Stelle seiner bisherigen Burg ein Collegiatstift, dessen Kirche dem hl. Martinus geweiht war.[2] Die noch stehende romanische Stiftskirche wurde am 4. Juli 1083 durch den Erzbischof Gebhard von Salzburg geweiht. Seit 1351 hatten die Grafen von Württemberg die Schirmvogtei. Als Graf Eberhard die Universität Tübingen gründen wollte, erhielt er 1476 von Sixtus IV. die Erlaubniß, acht Canonikate vom Sift Sindelfingen nach Tübingen zu transferiren sammt der Probsteipfründe, um die Mittel für die Besoldung der Professoren zu beschaffen. Von dem, was in Sindelfingen an Siftsgut noch übrig war, errichtete Eberhard an Stelle des bisherigen Collegiatstiftes ein regulirtes Chorherrnstift von der Windesheimer Congregation.[3] Als Herzog Ulrich 1535 in seinem Lande die Klöster und die katholische Religion unterdrückte, war Probst in Sindelfingen Martin Stehelin. Sowohl der Probst als die drei Chorherrn blieben bei der katholischen Religion, nur der Bruder Koch Jakob Roller nahm die neue Religion an. Der Probst und die Chorherrn wurden mit Leibgedingen abgefertigt. Der erste Leibgedingsrevers[4] ist der des Leonhard Ruch von Memmingen, vom Samstag nach Nikolai 1535, er „hat die Gnad noch nit empfangen", die neue Ordnung anzunehmen. Der Leibgedingsrevers[5] des Martin Stehelin sagt, daß er gleichfalls „die obgenannte Ordnung dem hl. Evangelium gemäß" nicht annehme. Der Revers[6] des Augustin Egelin

---
[1] Der Stifter starb 1099.
[2] Stälin, Chr. Fr. I. 567, 589; II. 743.
[3] Die Angaben bei Cuen Collectio V. p. 2. 99 sind nicht richtig.
[4] Staatsarchiv. Sindelfingen. Orig. Perg. d. wie oben.
[5] Ebendaselbst. Orig. Perg. d. 25. Januar 1536.
[6] Staatsarchiv. Orig. Perg. d. wie oben.

von Cannstatt ist vom 25. Januar 1536, er hat die Gnade auch noch nicht empfangen, das Evangelium anzunehmen; ebenso lautet der Revers[1] des Bernhard Bek von Eßlingen, der Revers[2] des Jakob Loller, Bruders und Kochs, sagt dagegen, die Abgötterei im Kloster und die Verstrikung des Gewissens sei ihm mehr schädlich als nützlich gewesen. So endigte also das Windesheimer Chorherrn-Stift zu Sindelfingen ehrenvoll. Was aus den Chorherrn geworden, ist nicht bekannt. Sattler meldet über die Reformation des Stifts nur folgendes: „Martin Stachel machte sich bei Einführung der evangelischen Lehre mit den übrigen Canonicis aus dem Staub." Im Jahre 1551 und 1552 hielt sich Johannes Brenz vor seiner Wiederanstellung im Stifte auf. Das Stiftsgebäude ist westlich an die Pfarrkirche angebaut und diente später als Kameralamtsgebäude.[3]

Pröbste zu Sindelfingen: Buggo; Wolfram; Friedrich 1122; Gottfrid; Philipp 1185, 1188; Albert von Walbuch 1205; Friedich von Jhelingen 1216; Konrad von Hailfingen; Luithard von Gröningen bis 1238; K. von Gozzelingen 1243; Dieterich von Jhelingen; Ulrich von Kuppingen; Konrad von Bernhausen 1251; Heinrich von Hailfingen 1277; Werner von Bernhausen, † 1332; Ulrich von Württemberg, † 1348; Ulrich von Gültlingen, † 1396; Ulrich von Stuttgart; Ulrich von Württemberg; Johannes von Bottwar, † 1433; Heinrich Degen; Johannes Degen c. 1477; Bertram Vergenhans; Nikolaus Bühl; Gregor Schlegel, † 1531; Martin Stehelin bis 1536.

---

[1] Staatsarchiv. Org. Perg. d. 26. Januar 1536.

[2] Ebendaselbst. Orig. Perg. d. Letare 1536.

[3] Zu Sindelfingen war auch ein Barfüßerkloster, das jedoch keine Bedeutung erlangte. Besold. mon. virg. 561.

XXII. Das Collegiat-Stift Tübingen.[1]

Im Jahre 1476 hatte Graf Eberhard, wie oben erwähnt, die päpstliche Erlaubniß erhalten, das Collegiat=Stift Sindelfingen zum größeren Theil nach Tübingen zu transferiren. In Folge dessen wurde 1477 die St. Georgs=Kirche zu Tübingen zur Stiftskirche erhoben mit einem Probst und acht Chorherrn.

Am 20. September 1535 predigte der Reformator Ambros Blarer zum erstenmal in der Stiftskirche zu Tübingen.

Die Stiftsherrn wurden am 20. September 1536 theils mit Leibgedingen, theils mit Pfarreien abgefertigt. Unter genanntem Datum verzichtet der Chorherr Balthasar Elenheinz auf seine Präbende gegen Verleihung der Pfarre Altdorf,[2] an demselben Tag verzichtet Meister Martin Schumpf gegen ein Leibgeding,[3] am 21. September 1536 verzichtet der Chorherr Johannes Böblinger,[4] am 20. September 1536 verzichtet der Chorherr Ludwig Dolmetsch gegen ein Leibgeding und will dem Herzog dienen in einem Amt, wozu er ihn gebrauchen kann.[5]

Ebenfalls am 20. September 1536 verzichtet auf seine Präbende der Chorherr Johannes Betz und empfängt dafür die Pfarrei Lustnau.[6]

Aus dem Vorstehenden ergibt sich, daß mehrere Chorherrn „des Herzogs Confession" annahmen. Vom Chorherrn Ernst Heß sagt ein Aktenstück von 1537 (St.=A.), er wolle von Tübingen wegziehen, „vermuthlich in's Papstthum". Der Stiftsprobst und Kanzler Ambros Widmann floh nach Rottenburg.[7] Man suchte ihn zu bewegen, sein Amt niederzulegen, da man in

---

[1] Ecclesia collegiata Beatae Virginis Mariae et s. Martyris Georgii.
[2] Staatsarchiv. Stift Tübingen. Orig. Perg. d. 20. September 1536.
[3] Ebendaselbst. Orig. Perg. Revers. d. wie oben.
[4] Perg. Orig. Ebendaselbst.
[5] Ebendaselbst. Orig. Perg. Revers.
[6] Orig. Perg. Revers. Ebendaselbst.
[7] Vgl. Schnurrer, Erläuterungen. 383.

seiner Abwesenheit keine Promotionen zu den akademischen Graden vornehmen konnte.

Ueber die mit ihm gepflogenen Unterhandlungen von 1537—1551 ist im St.=A. ein Fascikel Akten, welche 1827 von Weilderstadt nach Stuttgart gekommen sind.

Nach dem schmalkaldischen Kriege mußte der katholische Gottesdienst in der Stiftskirche wieder hergestellt werden, und am 24. August 1548 wurde wieder die erste hl. Messe in genannter Kirche gelesen.[1] Auch das Collegiat=Stift mußte restituirt werden, die Regierung beeilte sich aber damit hier ebensowenig wie anderwärts. Es wurden mit dem Probst und den Stifts=herrn in dieser Sache Unterhandlungen gepflogen, welche bis September 1551 sich hinzogen. Am 28. August 1551 berichten die Räthe, was mit des Probsts zu Tübingen, Anwalt, und mit den drei Chorherrn wegen ihrer Restitution verhandelt worden sei.[2] In derselben Angelegenheit schreiben[3] Probst und Chorherrn an die Regierung und bitten um Bericht wegen des von ihnen anerkannten Abschieds über die Restitution des Stifts. Unter= schrieben sind: Ambros Widmann, Probst zu Tübingen und Ehingen, Jodo= kus Vogler, decanus Tubingensis, Martin Diklin, canonicus Tubingensis, Konrad Kupferschmid, canonicus Tubingensis. Am 26. September 1551 kam eine Capitulation[4] mit den Stiftsherrn zu Stande, dahin lautend: Die Stiftsherrn sollen wieder in die Administration eingesetzt und dem Interim nachgelebt werden, den Herzog anerkennen sie als Schirmherrn, „sie sollen uns in unsern Kirchendiensten unverhindert lassen, beßgleichen auch wir gedachte Kirchendiener in ihren Ministerien unbelästigt lassen." So blieb Ambros Widmann noch 10 Jahre Probst und Kanzler bis zu seinem Tode 1561, wo ihm der erste protestantische Probst Dr. Jakob Beurlin folgte.[5] Nach dem Restitutions=Edikt 1629 wurde die Probstei Tübingen den Jesuiten übergeben (circa 1635), welche aus den Einkünften der unbesetzten Pfründen der in Württemberg ihnen überlassenen Stifte ein Tridentinisches Seminar errichten wollten. Der Jesuite, welcher als Probstei=Administrator in Tübin= gen war, wollte nach Sattler[6] der Universität die collatio graduum et honorum streitig machen. Der Westphälische Friede nahm das Stift 1648 den Katholiken wieder ab. Es war in Tübingen auch ein Augustiner=

---

[1] Sattler. Histor. Beschrb. II. 25.
[2] Staatsarchiv. d. wie oben.
[3] Ebendaselbst. d. 26. September 1551.
[4] Ebendaselbst. d. wie oben. Pap. Copie.
[5] a. 1556 überließ Wiedmann die Verwaltung des Kanzleramtes in seinem Namen dem Rektor und Senat.
[6] Sattler, Herzoge. VII. 219.

Eremitenkloster gestiftet 1262, unter dem Prior Pfäulin wurde es 1482 reformirt; 1499 ff. war Johannes Staupiz Prior, in der letzten Periode vor der Reformation war es im Zeitlichen und wenn die Anklagen des Stadtraths wahr sind, auch im Geistlichen gesunken. Die drei letzten Mönche wurden 1547 in den Spital untergebracht.[1] Im Franziskaner-Barfüßer-Kloster war Paul Scriptoris Guardian, † 1504, und Mathematiker und Orientalist Sebastian Münster, Conventuale; im Jahre 1446 wurde in dem Kloster die Reformation eingeführt auf Verlangen des Grafen Ludwig, welcher keine Franziskaner mehr terminiren ließ, die nicht reformirt waren. Von der Aufhebung des Klosters 1535 sagt Sattler kurz: „Bei vorgenommener Reformation wurden die Franziskaner fortgeschafft."[2] Im Jahre 1540 brannten die Klostergebäude nieder, wurden 1587 vollends abgebrochen und an ihre Stelle das collegium illustre erbaut.[3]

---

[1] Das reiche Inventar der Stiftskirche zu Tübingen, welches 1535 nach Stuttgart verbracht wurde, ist veröffentlicht von Dr. Giefel in Hofele's Diözesan-Archiv, 1885, Nr. 10. Dieses Inventar zeigt, daß die Commissäre recht genau waren, denn auch die silbernen Knöpfe und Haften der Paramente sind nicht vergessen.

[2] Sattler. Hist. Beschrb. II. 25.

[3] Außer in Tübingen befanden sich Franziskanerklöster zu Leonberg, Sindelfingen und Gutenberg. Ueber die Verhandlungen mit den Tübinger Stiftsherrn a. 1551 vgl. Handschrift der K. Oeff. Bibl. Hist. fol. 192. Blatt 194, wo die Artikel der Uebereinkunft stehen.

XXIII. Das Collegiat-Stift Stuttgart.

Das Collegiat=Stift zum hl. Kreuz in Beutelsbach, welches nach der Bulle Johannes XXII. vom 17. Juni 1320 von den Vorfahren des Grafen Ulrich mit dem Daumen († 1265) gegründet worden war,[1] wurde im Jahre 1321 von Graf Eberhard dem Erlauchten von Württemberg nach Stuttgart transferirt, nachdem das fürstliche Erbbegräbniß zu Beutelsbach a. 1312 von den Eßlingern zerstört worden war. In Beutelsbach hatte das Stift sechs Chorherrn und sechs Vikarien, in Stuttgart zwölf Chorherrn, zwölf Vikarien und circa zwanzig Caplaneien. Der Besitz des Stifts war sehr bedeutend. Im Jahre 1534, als Herzog Ulrich sein Land wieder in Besitz nahm, war Probst in Stuttgart Jakob von Westerstetten. Im Anfang des Jahres 1535 wurde der katholische Gottesdienst in Stuttgart unterdrückt, und am 2. Februar 1535 in der Stiftskirche die letzte hl. Messe gelesen. Diejenigen Stiftsherrn, welche von der österreichischen Regierung angestellt worden waren, wurden alsbald entlassen. Ein von Dr. Knoder unterzeichneter Befehl[2] vom 31. Dezember 1534 ordnet an: Die Stiftsherren, welche nicht vom Herzog belehnt seien, haben sich andern Orts zu versehen, und erhalten als Abferti= gung die Hälfte ihres jährlichen Einkommens. Unter den vertriebenen Chor= herrn waren Simon Pet, Martin Sigwart, Meister Bernhard Otto, Stifts= vikar Nikolaus Kienlin, Stiftsvikar Alexius von Constanz. Wo sie sich bei ihrer Vertreibung hinwendeten, werden wir später bei der Restituirung 1549 sehen. Die Ornate im Stifte wurden hinweggenommen, und „man fand 54 silberne und vergoldete Kelche und über 100 Meßgewande von gülbenen Stücken, sammet und seidene Zeug".[3] Im folgenden Jahre 1536 wurden am 8. Mai die Bilder aus der Stiftskirche entfernt.[4] Um dieselbe Zeit ließ der Herzog dem Probst Jakob von Westerstetten zu verstehen geben, er werde gut thun, wenn er sich außer Lands begebe.[5] Der Stifts-Dekan Dr. Johann Osterdinger wurde 1536 mit einem Leibgeding[6] abgefertigt

---
[1] Stälin, Paul, I. 345. Cleß 2 b. 264.
[2] Staatsarchiv. Stift Stuttgart. d. wie oben.
[3] Besold. Doc. eccl. colleg. Stuttgart. p. 35.
[4] Johann Martin Rauscher. Beschr. v. Ursprung. Cod. mscr. im St.-A. ad a. 1536.
[5] Sattler, Histor. Beschr. I. 27.
[6] Staatsarchiv. Orig. Perg. Leibgedings-Revers.

von jährlich 80 fl. Der Stiftsherr Johannes Weiß nahm die neue Religion an, wie eine Bittschrift von ihm ausweist, und wurde von dem Reformator Schnepf zu einem Kirchendiener (Pfarrer) verordnet.¹ Im Jahre 1539 wurden mit einem Leibgeding abgefertigt Johannes Bausch, Wolfgang Brezger, Johannes von Schwatz, Johannes Locher.² So ruhte in der Folge bis 1549 der katholische Gottesdienst im Stifte. Weniger auf sein zeitliches Fortkommen bedacht als einzelne Stiftsherren, verharrte der Stiftsmesner standhaft bei der alten Religion. In Folge dessen lief am 20. Februar 1541 beim Vogt in Stuttgart ein Klagschreiben³ gegen den Mesner ein: der Mesner sei ein Feind des Evangeliums und bringe allerlei unnütze Reden gegen dasselbe vor, auch habe er dem verstorbenen Sondersiechen-Kaplan, der bis an sein Ende im Papstthum verharrt sei und sich habe hinwegführen lassen, das Geleite gegeben. Nach dem schmalkaldischen Kriege mußte das Stift restituirt und der katholische Gottesdienst in der Stiftskirche wieder gehalten werden. Am 9. Januar 1549 schreibt⁴ die Regierung nach Herrenberg: Man brauche zu Stuttgart im Stifte 6 Chorknaben, um die horas zu singen; in Stuttgart seien sie nicht zu haben; da sie in Herrenberg solche haben, so mögen sie dieselben zuschicken. Um dieselbe Zeit senden die vertriebenen Chorherrn ihre Bittgesuche ein, um Wiederaufnahme in's Stift, so am 16. Hornung 1549 Simon Bek⁵, er schreibt: a. 1535 sei er mit den andern, welche nicht vom Herzog belehnt gewesen, verjagt und in's Elend vertrieben und von Fremden erhalten worden; er schreibt als Pfarrer zu Kanzach. Um dieselbe Zeit schickt sein Bittgesuch um Restitution ein⁶ Martin Sigwart: Er sei genöthigt gewesen, 1535 „sich an einen andern Ort zu thun", vor 24 Jahren sei er Helfer zu Stuttgart gewesen und habe vergeblich um Ausfolge des zugesagten Leibgedings gebeten; jetzt sei er Pfarrer zu Regenbach. Meister Bernhard Otto war nach den Akten 1535 in's Kloster Zwiefalten gegangen als Schulmeister, Stiftsvikar Nikolaus Kienlin hatte sich nach Speier und Vikar Alexius von Constanz nach seiner Heimath Constanz zurückgezogen. Der Stiftsherr Bernhard Berner war im Kloster Hirschau gewesen und kam c. 1549 als Stiftsherr nach Stuttgart, der Chorherr Johannes Schuhmacher las im Interim die hl. Messe, hatte aber Weib und Kinder. Der Chorherr Michel Kreber nahm c. 1535 die neue Religion an, ließ sich im Interim nicht als Meßpriester verwenden

---

[1] Staatsarchiv. d. Oktober 1536.
[2] Für die ersteren 2 Perg. Orig. Reverse, für die letzteren 2 Pap.Copien im Staatsa.
[3] Staatsarchiv. d. wie oben.
[4] Staatsarchiv. Herrenberg. d. wie oben.
[5] Staatsarchiv. d. wie oben.
[6] Ebendaselbst.

und hatte a. 1549 sechs Kinder.[1] Nach der Rechnung der Geistlichen Verwaltung[2] in Stuttgart von 1551—52 war der Personalstand der Stiftsherrn folgender: Alte Stiftspersonen und ihr Leibgeding: M. Johannes Bausch 52 fl. jährlich, Michel Kreber 40 fl., Michel Schlosser von Ellwangen 40 fl. Neue Stiftspersonen sind es folgende: Georg Würt von Oettingen, Johannes Schuhmacher, Nikolaus Scherer, Bernhard Bernher, Berchtold Hayd, Hans Walker, Johannes Wolf. Der gewesene Stiftsvikar Michel Winzelhäuser erhält jährlich 40 fl., außerdem werden vier Chorschüler besoldet. Auch der Probst Jakob von Westerstetten kam wieder in's Stift, aber erst 1551.[3] Das gegenseitige Verhalten der katholischen und protestantischen Stifts- und Pfarrgeistlichen in Stuttgart während des Interims war ein wenig erbauliches. Am 30. Januar 1551 legt der Cantor Johannes Stern ein Klagschreiben[4] vor gegen den Meßpfaffen Sebastian Unger: letzterer habe in der Vesper den Gesang gestört und ihn einen Schelm geheißen, worauf er ihn einen „lausigen Meßpfaffen" gescholten habe, in der Sakristei sei er von dem Meßpriester mit der Faust in's Gesicht geschlagen worden; zu Hause angekommen, habe er die Sache seinem Weibe erzählt, diese habe dann den Meßpfaffen aufgesucht und ihn gescholten „du .... Laus u. s. w." In einem andern Schreiben klagen die nachbenannten Geistlichen gegen den Cantor Stern: er habe gesagt: sie seien nichts als Schulzen; er habe von ihnen wollen, daß sie eine Klagschrift unterschreiben gegen Matthäus Alber, weil er an Mariä Himmelfahrt gegen Mißbräuche geprebigt habe, das haben sie nicht gethan. Unterschrieben sind Markus Flecht, Georg Wurst, Johannes Schuhmacher, Sebastian Unger, Leonhard Berner, Nikolous Scherer, Johannes Walker, Mesner. (St.-A.) Am 17. Februar 1551 klagt[5] der Cantor Hans Stern und bittet um einen andern Dienst; er könne mit seiner Hausfrau nicht mehr da sein, Sebastian Unger sei in der Nacht vor sein Haus gekommen und habe ihn einen Schelmen, seine Hausfrau eine H.... gescholten. Ein andersmal klagen[6] die Stiftspersonen gegen Herrn Veit, der vor dem Interim Prädikant gewesen, er schmähe sie und schelte sie Fleisch- und Herrgotts-Verkäufer, Diener der Abgötterei, weil sie ihre Sünden beichten und an das hl. Sakrament des Leibes Christi glauben. Unterschrieben sind: Georgius Würt von Oettingen, Martin Kröm (Sigwart?) von Schönaich, Nikolaus Vischer, Nikolaus

---

[1] Das Vorstehende nach den Alten im Staatsarchiv.
[2] Ebendaselbst.
[3] Sein Orig. Revers über seine Restitution d. 16. August 1551 im Staatsarchiv.
[4] Staatsarchiv. d. wie oben.
[5] Staatsarchiv. d. wie oben.
[6] Ebendaselbst. Pap. Orig. s. d.

Scherer, Johannes Schuhmacher, Leonhard Berner. Die Streitigkeiten unter den Geistlichen waren dem Herzog Christoph ein willkommener Anlaß, die Stiftsgeistlichen wieder abzuschaffen. Am 13. August 1552 war der letzte katholische Gottesdienst in der Stiftskirche, welcher somit 4 Jahre gedauert hatte, da er an Mariä Himmelfahrt 1548 wieder eingeführt worden war. Der Probst kehrte 1552 wieder nach Ellwangen zurück, „wo er als Stiftsdekan aufgenommen wurde"[1] und 1552 (?) starb. Im Jahre 1634 nahmen die Jesuiten Besitz von dem ihnen zugewiesenen Stift zu Stuttgart (vgl. oben Backnang) und 1638 mußten ihnen die Stiftsgüter (Armenkasten) ausgefolgt werden. Administrator der Probstei war Dr. theol. Conrad Dornrath und Superior Leonhard Kreber. Am 9. Januar 1649 zogen die Jesuiten wieder aus Stuttgart ab. Es war in Stuttgart auch ein Dominikanerkloster, von Graf Ulrich dem Vielgeliebten gegründet. Am 21. Juni 1473 kamen von Nürnberg die 12 ersten Mönche mit einem Prior. Im Jahre 1536 gab Herzog Ulrich das Dominikanerkloster der Stadt zu einem Spital und 1540 wurden die noch übrigen Mönche mit Leibgedingen abgefertigt. Schon 1524 mußte der Dominikaner Märklin das Land verlassen wegen seiner lutherischen Gesinnungen und seinen der Anstiftung zum Aufruhr verdächtigen Predigten. Prioren im Dominikanerkloster waren: Johannes Pruser 1474; Lorenz Aufkirch 1490; Johannes Schlecht 1495; Peter Geiger; Johannes Textor 1506; Johannes Tischler.[2]

Stifts-Pröbste in Stuttgart: Berthold, Probst zu Beutelsbach, 1254, 1262; Diether, Probst zu Beutelsbach, 1287; Marquard von Kaltenthal, Probst zu Beutelsbach, 1307—1335; Ulrich, Probst zu Stuttgart bis 1349; Lupo von Wildberg 1349, † 1361; Johannes von Bach; Konrad von Riet 1370; Albrecht von Oevelshart 1375, † 1379; Hermann von Sachsenheim 1379, † 1418; Albrecht Wibmaier von Herrenberg; M. Hans Spönlin bis 1446; Hans von Westernach; M. Ulrich von Württemberg, Graf Ludwigs natürlicher Sohn, 1476; Dr. Johannes Vergenhans (Nauklerus) bis 1477; Dr. Martin Keller, † 1482; Dr. Ludwig Vergenhans, † 1512; M. Johann Keßler von Wiesensteig 1513—1514; Dietrich Spät; Andreas Aman, vorher Probst zu Rheinfelden, 1527—1534; Jakob von Westerstetten 1534—1552.[3]

---

[1] Sattler, Herzoge IV. 43. vgl. Besold doc. conc. eccl. coll. Stuttgart. Seite 36 wo noch ein Schreiben des Probsts vom 16. Juli 1552 an Sebastian Hornmold steht

[2] Sattler, Histor. Beschrb. I. 35.

[3] Sattler, Histor. Beschrb. I. 26. Die Verleibbingung der Stiftsherrn und die Verhandlungen mit Jakob von Westerstetten stehen ausführlich in Handschrift Hist. fol. 192 der K. Oeff. Bibl. Bl. 135 und 136.

XXIV. Das Collegiat-Stift, zuvor Fraterhaus Urach.

Graf Eberhard der ältere von Württemberg ließ kein Mittel unversucht, das religiöse Leben in seinem Lande zu heben. Dieses Streben veranlaßte ihn auch zur Einführung der Windesheimer Brüderschaft des gemeinsamen Lebens (Kappenherrn, Gugelherrn) in Urach, Dettingen, Tachenhausen, Schloß Tübingen, Herrenberg und Einbelfingen. Das Fraterhaus zu Urach wurde 1477 errichtet, nachdem Eberhard von Sixtus IV. am 1. Mai 1477 die Bestätigung seiner Stiftung erhalten hatte. Am 16. August 1477 fand die feierliche Eröffnung statt. Erster Probst wurde der frühere Rektor von Marienthal, Benedikt von Helmstatt.. Auf ihn folgte 1480 Gabriel Biel, Probst zu Buzbach und Präsident der Windesheimer Congregation. Auf die Bitte des Herzogs Ulrich wurden die Fraterhäuser in Württemberg von Leo X. durch die Bulle vom 19. April 1516 aufgehoben.[1] Das Kloster zu Urach wurde jetzt (vgl. Herrenberg) in ein Collegiat=Stift verwandelt. Das Stift dauerte noch bis 1537, wo es aufgehoben und eingezogen wurde. Bei der Wegführung der Ornate und Kelche u. s. w. 1535 wurde unter anderm auch weggenommen „item ain Roßbämlein, ist von luterm Dukatengold ge=macht", die goldene Rose, die Graf Eberhard 1482 vom Papste erhalten und der Amanduskirche geschenkt hatte.[2] Die schöne Stiftskirche ss. Mariae, Andreae et Amandi wurde nach Errichtung des Stiftes 1479—1499 er=baut. Etwas älter ist der in der Amandus=Stiftskirche stehende Kirchenstuhl des Grafen Eberhard von 1472. Bei der Universität Tübingen wird noch eine namhafte Stiftung für Theologiestudierende verwaltet, von dem Uracher Chorherrn Strylin gestiftet.[3] Das Stift Urach, welches aus einem Probste

---

[1] Sattler, Herzoge I. Beil. 93.
[2] Dr. Giefel in Hofele's Diöcesan=Archiv 1885. Nr. 10.
[3] Zu Stift Urach vgl. M C. Gratianus. Der Mönchshof zu Urach. 1818. o. O. Vom letzten Probst Johannes Rohrbach sagt Klaiber, Studien der ev. Geistl. 1827, und nach ihm Boffert, derselbe sei ein Hurenwirth gewesen. Ich habe diese Nachricht, welche Klaiber einem handschriftlichen Landbuch entnommen hat, sonst nirgends ange=

Das Collegiat-Stift, zuvor Fraterhaus Urach.

und 12 Stiftsherrn, worunter 4 Priester und 8 Cleriker, bestehen sollte, hatte folgende Pröbste: Benedikt von Helmstädt, vorher Probst zu Marienthal bei Geisenheim, 1477—1480; Gabriel Biel 1480—1482; Heinrich Steinbach 1482 ff.; Johannes Miller 1505 ff.; M. Johannes Rohrbach von Tübingen, letzter Probst. Im Jahre 1537 kam er nach Rottenburg und wurde Pfarrer in Hailfingen, während zu Urach an seine Stelle der zwinglische Prediger Wenzel Strauß gesetzt wurde. Der letzte Chorherr M. Michael Schneller starb 1556.

---

deutet gefunden. Das Fraterhaus Tachenhausen wurde 1516 aufgehoben (s. oben) und seine Einkünfte für die herzogliche Sängerkapelle verwendet. Im Jahre 1518 wurden diese Einkünfte an die Probstei Denkendorf überlassen gegen jährliche Bezahlung von 220 fl. an die Sängerkapelle. Unter der österreichischen Regierung wurde der Augsburger Domherr Otto von Waldburg, Sohn des Statthalters, mit der Pfarrkirche zu Tachenhausen belehnt, welcher mit der Stadt Nürtingen ein Uebereinkommen traf, durch welches die ehemaligen Stiftseinkünfte an den Nürtinger Spital kamen. Die Tachenhauser Kirche war ein Muttergottes-Wallfahrtsort. Vgl. Besold. mon. virg. 561; Oberamtsbeschreibung von Nürtingen 206; Württ. Jahrbücher 1828, Seite 311 ff.

a. 1481 erhob Eberhard d. ä. die Burgkapelle zu Tübingen zu einer Pfarrkirche, welche er den Kappenherrn zu Urach übergab; im folgenden Jahre errichtete Eberhard das Fraterhaus zu Dettingen, O.-A. Urach.

XXV. Das Collegiat-Stift Lorch.

Außer dem Benediktinerkloster war zu Lorch, Oberamt Welzheim, auch ein weltliches Collegiat-Stift, welches das erstemal 1144 urkundlich genannt wird und wahrscheinlich um 1060 von dem Hohenstaufen Heinrich gestiftet wurde.[1] Das der seligsten Jungfrau Maria geweihte Stift zählte 1 Probst, 6 Chorherrn und 6 Vikarien. Schon 1297 wurde eine Stiftspfründe dem Benediktinerkloster zu Lorch inkorporirt, 1327 drei weitere Präbenden und schließlich noch die 4 Schulerpfründen", so daß nur noch vier Stiftspfründen blieben, wovon zwei, darunter das Dekanat, von dem Domstift Augsburg besetzt wurden, zwei andere, darunter die Custorei, vom Benediktinerkloster Lorch. Der Stiftsdekan Thomas Kellin, † 1424, von Gmünd erneuerte die Statuten des Stifts. Im Jahre 1539 wird der Stiftsgeistliche Hieronymus Maier als lutherischer Prediger nach Alfdorf verordnet, wo er „das Evangelium gepredigt und mit Weib und Kind sich wohl verhalten hat".[2] Den zwei Stiftsgeistlichen, welche vom Augsburger Domstift belehnt waren, hatten um Martini 1535 der Obervogt Friedrich Thumb und Meister Erhard Schnepf, als sie nach Lorch kamen, „Silentium mandirt".[3]

---

[1] Beschreibung des Oberamts Welzheim. 194 ff.
[2] Oberamtsbeschreibung 150. Vgl. Petri Suev. eccl. 535.
[3] Vgl. oben Kloster Lorch.

XXVI. Das Sanct Peters-Stift zum Einsiedel im Schönbuch.

Im Jahre 1482 baute Graf Eberhard von Württemberg ³/₄ Stunden nördlich von Kirchentellinsfurt auf einer waldigen Hochebene im Schönbuch ein Jagdschloß, und zehn Jahre später 1492 baute er neben dem Schloß ein Kloster, das Sanct Peters-Stift, wozu er sein mütterliches Erbe verwendete. Das Kloster sollte bestehen aus 1 Probst, 12 geistlichen Chorherrn, 1 Meister, der über die Verwaltung der Temporalien gesetzt war, 12 Laienbrüdern aus dem Adel, 12 Laienbrüdern aus dem Bürgerstand. Der Aufzunehmende mußte 34 Jahre alt sein.

Novizen aus dem Adel durften schon in einem früheren Alter aufgenommen werden. Die Kleidung der Geistlichen war die in den Stiften übliche; die Laienbrüder trugen einen blauen bis an die Schuhe reichenden Oberrock, Mantel, Kappe und Hosen ebenfalls blau, der Mantel war zur Linken mit den Schlüsseln Petri und mit der päpstlichen Krone bestickt. Den Probst wählten die Geistlichen mit 2 Laien, den Meister die Laien mit 2 Geistlichen. An der Spitze der Verwaltung stand ein aus Geistlichen und Laienbrüdern zusammengesetzter Rath.

Die Geistlichen durften sich mit den weltlichen Geschäften nicht befassen, sondern nur mit dem Gottesdienst und dem Studium. Die Laienbrüder aus dem Bürgerstande beschäftigten sich mit Handwerksarbeit, Buchbinderei, Drehen, Bildschnitzerei u. s. w. Den Adeligen wurde ein Jagdbezirk im Schönbuch angewiesen. Ein anderer Bezirk wurde angewiesen zum Feldbau. Kein Fremder durfte im Kloster übernachten. In seinem Testament vermachte Graf Eberhard dem Stifte seine Kostbarkeiten an Gewändern und bestimmte es zu seinem Erbbegräbniß. Der erste Probst war der berühmte Gabriel Biel, welcher 1494 hier starb. In der Folge scheint die Disciplin im Kloster gesunken zu sein, besonders bezüglich der Eintracht. Daher mag die Sage ihren Ursprung genommen haben, welche Sattler [1] berichtet: „mitten

---

[1] Histor. Beschrb. II. 52.

am Thurm siehet man noch Blut an benen Steinen, welches ein Angedenken eines gottlosen Mönchs sein solle, den der Teufel geholet und ihm den Kopf an diesem Thurm zerschmettert haben solle." Kurz vor Eroberung des Landes durch Herzog Ulrich 1534 bitten [1] Probst und Kapitel in St. Peter zum Einsiedel, daß sie junge Leute zum Gottesdienst annehmen dürfen. Im Jahre 1537 wurde das Stift aufgehoben und die Stiftsherren verleibbingt. In den drei noch vorhandenen Leibgebingsreversen nimmt keiner der Abgefertigten die neue Ordnung an. Die Namen der Verleibbingten sind: Bernhard Kirsenmann,[2] ist nicht gesonnen, die neue Ordnung anzunehmen, ebenso Michael Koll[3] und Georg Rist.[4] Im folgenden Jahre 1538 wurde auch der Probst Conrad Brun mit einem Leibgeding abgefertigt.[5] Der Probst starb 1552 und wurde in Bebenhausen beerdigt. Vom 17. September 1552 ist noch eine Bescheinigung für den Empfang des Leibgebings des Probstes Brun vorhanden (St.-A.). Am 6. Januar 1580 brannte das Stiftsgebäude ab. Die Steine der ebenfalls ausgebrannten Kirche wurden zum Bau des collegium illustre in Tübingen verwendet, dem auch die Einkünfte des Stifts zugewiesen wurden. Das 1482 erbaute Schloß steht noch. Den Leichnam Eberhards hatte Herzog Ulrich schon 1537 in die Tübinger Sanct Georgskirche bringen lassen.[6]

---

[1] Staatsarchiv. d. 14. Merz 1534.

[2] Staatsarchiv. Orig. Perg. d. 18. August 1537.

[3] Staatsarchiv. Orig. Perg. d. wie vorstehend.

[4] Ebendaselbst. Orig. Perg. d. wie vorstehend.

[5] Ebendaselbst. Orig. Perg. d. Donnerstag nach Laetare 1538.

[6] Das Grabmal des Probstes Brun befindet sich im nördlichen Kreuzgang des Klosters Bebenhausen, auf der Grabplatte ist das Bild des Probstes, der in einem Buche liest, zu seinen Füßen zwei Wappenschilde, das eine mit den Sanct Petersschlüsseln, das andere mit einem Zweig. Die Inschrift lautet: Anno Domini MDLII mensis Julii Die XXV obiit praestans virtute et eruditione vir Dominus Conradus Brunus Schoenbuchensis ad divum Petrum Praepositus. Cuius anima requiescat in pace. (Neuscheler, Seite 107.)

XXVII. Die Probstei Nellingen.

Anselm von Nellingen (Oberamt Eßlingen) begab sich nach glücklicher Vollenbung einer Pilgerfahrt, da er alt und kinderlos war, in das Benediktiner-Kloster Sanct Blasien. Diesem schenkte er Kirche, Kirchensatz und Zehnten zu Nellingen 1120.[1] Das Kloster gründete hier eine Probstei, deren Schirmvögte die Grafen von Württemberg waren. Herzog Ulrich setzte einen protestantischen Pfarrer nach Nellingen, getraute sich aber doch nicht, die Probstei einzuziehen.[2] Dieselbe bestand fort bis 1649, wo sie Herzog Eberhard III. vom Abt zu St. Blasien eintauschte gegen den Kirchensatz von Airheim und verschiedene Höfe und Gefälle. Bis zur Reformation war der Probst von Nellingen Dekan des Stuttgarter Ruralkapitels, bei der Reformation ging sein Amt an den Pfarrer zu Sanct Leonhard in Stuttgart über.[3]

Pröbste zu Nellingen: Nikolaus 1464; Arnold Gäbler 1508; Leonhardus 1571; Jakob Mangold 1583; Christoph Münzer; Johann Wilhelm Weyß, † 1614; Heinrich Kern. (Dienerbuch Seite 331.)

---

[1] Gerbert. hist. nigrae silvae III. 49.

[2] Im Staatsarchiv befinden sich die Alten über den Streit zwischen St. Blasien und Württemberg, betreffend die Schirmvogtei zu Nellingen.

[3] Zu Nellingen vgl. Stattler, Hist. Beschrb. I. 61 und 62; Sattler, Herzoge IX. 64; Beschreibung des Oberamts Eßlingen; Petri Suevia eccl. 630.

XXVIII. Das Priorat Kniebis.

Im 13. Jahrhundert wurde zu Ehren Mariens auf dem Kniebis eine Kapelle gebaut, hauptsächlich wegen der Reisenden. Im Jahre 1271 errichtete Bischof Eberhard von Constanz auf Bitten der auf dem Kniebis angestellten Geistlichen daselbst ein regulirtes Chorherrnstift. Zur Pastoration der Reisenden wurde 1277 auch ein Franziskanerhospiz auf dem Kniebis errichtet. Dem Bischof von Bamberg, als Lehensherrn der Kirche auf dem Kniebis, mußten die dortigen Franziskaner jährlich ein Pfund Wachs als Abgabe entrichten. Im Jahre 1427 vereinigte sich das Stift auf dem Kniebis mit dem Benediktinerkloster Alpirsbach. Es sollte auf dem Kniebis fortan ein Prior mit sieben Mönchen sein. Abt Bruno von Alpirsbach nahm im genannten Jahre das Priorat in den Orden des hl. Benedikt unter dem Gehorsam des Abts von Alpirsbach auf (St.-A.). Im Jahre 1534 bat der Prior Beatus Bleyß den in sein Land zurückgekehrten Herzog Ulrich, das Kloster in seinen Schirm zu nehmen, es in seinen Freiheiten zu schützen, es habe das Kloster jüngst (1513) durch eine Feuersbrunst viel gelitten, von unzähligen Reisenden zu Roß und zu Fuß werde das Kloster angesprochen um Futter, Mehl u. s. w. Auch haben sich die Pröbste auf dem Kniebis gegen den Herzog und seine Vorfahren stets als bemüthige, arme Kaplane erzeigt.[1] Indeß wurde das Priorat unterbrückt. Der Prior Bleiß zog sich in's Hohenbergische zurück und starb 1544 in Bildechingen. Am 23. November 1544 berichtet[2] Ulrich von Lichtenstein an die vorderösterreichische Regierung: Letzten Mittwoch sei der Prior Beat Pleiß in der Kappelbehusung zu Bildechingen gestorben, man solle ihm berichten, wie er sich zu verhalten habe, wenn etwa Herzog Ulrich der Kappelbehusung und der Gefälle sich bemächtigen wollte. Zum Prior von Kniebis ernannte

---

[1] Sattler, Herzoge. III. 20.
[2] Staatsarchiv. d. wie oben.

Herzog Ulrich den protestantisch gewordenen früheren Chorherrn von Herren=
berg, Johannes Reuter (vgl. Stift Herrenberg [1]).

Priores auf dem Kniebis:[2] Walter von Dornstett, Probst 1302, 1330;
Friedrich 1351; Conrad von Gomeringen 1365; Johannes von Tunglingen
1416; Albert Gürtel von Horb 1433; Jakob von Steinhilben 1474,
1496; Beat Pleiß 1534, † 1544.

---

[1] Zu Kniebis vgl. Petri Suev. eccl. 470; Tritheim. Chron. Hirsaug. II. 684.
Beschreibung des Oberamts Freudenstadt. Sattler, Hist. Beschrb. II. 225.

[2] Georgii, Dienerbuch 249.

XXIX. Das Augustiner-Eremitenkloster Engelberg.

Zu Engelberg, im Oberamt Schorndorf, auf eine Anhöhe, ½ Stunde von Winterbach, stiftete 1466 Graf Ulrich von Württemberg ein Augustiner-Eremitenkloster, welchem er eine Marienkapelle einverleibte und es mit verschiedenen Besitzungen belehnte. Es war hier ein besuchter Wallfahrtsort. Der erste von Gmünd berufene Prior war Bartholomäus Schröter. Im Jahre 1538 wurde das Kloster vom Herzog Ulrich eingezogen, und dem letzten Prior Johannes Benz sein Unterhalt im Kloster Maulbronn angewiesen, wo er sein Stüblein, Kammer, Essen und Trinken, Schuhe und 8 fl. Badgeld erhielt.[1] Die Klosterkirche wurde abgebrochen und deren Steine zum Festungsbau in Schorndorf verwendet. Das Klostergut wurde 1818 um 14 300 fl. an einen Privaten verkauft.[2]

---

[1] Staatsarchiv. Orig. Perg. mit anhängendem Siegel der Stadt Stuttgart. dat. 22. Weinmonat 1538.
[2] Beschreibung des Oberamts Schorndorf Seite 197. Besold. virg. sacr. m. 357.

XXX. Die Carthause Güterstein.

Zu Güterstein, im Oberamt Urach, stand ursprünglich eine Marien=
kirche, welche als Wallfahrtskirche viel besucht war. Graf Ulrich II. über=
ließ die Kirche (1279) mit ihren Einkünften dem Benediktinerkloster Zwie=
falten, welches hier eine Probstei errichtete.[1] Graf Ludwig I. und Ulrich V.
brachten das Kloster wieder an sich a. 1439.[2] Hier („in schauerlich wilder
Umgebung," sagt die Oberamtsbeschreibung, „in amoenissimo loco instar
oppidi amplissime constructa carthusia," sagt Bruschius) gründeten die
genannten Grafen Ludwig und Ulrich von Württemberg ein Carthäuserkloster,
welches von ihnen reichlich ausgestattet wurde. Auch die Pfalzgräfin Mech=
tild, Mutter Eberhards, bedachte die Carthause mit 2000 fl. Eine besondere
Vorliebe für die Carthause und für den Prior Conrad von Münchingen
(1451—1473), welchen er seinen „alten Vater" zu nennen pflegte, hatte
Graf Eberhard im Bart. Von hier aus trat er am 2. Mai 1468 seine
Pilgerfahrt in's heilige Land an. An den Stufen des Hochaltars knieend,
empfing er von dem Abte Johannes von Herrenalb den Segen für die
Reise. Bei der Rückkehr ging Eberhard wieder zuerst nach Güterstein
(2. Novbr.), dann zu seiner Mutter nach Rottenburg und hierauf in sein
Schloß Urach.

Es ist eine Statuten=Ordnung für Güterstein vorhanden[3] mit der Ueber=
schrift auf der Rückseite: „Etliche Punkte, die Administration des Probstes
zum Gutenstein betreffend." Die Statuten lauten wie folgt:

„Ein Probst soll sein, der geistlichen Gewalt hab, die Mönche zu
richten, anzuweisen und zu strafen, als ein Prelat des Ordens seine Unter=

---

[1] Sulger. Annal. Zw. 1. 229.
[2] Das Nähere bei Bruschius. Monast. Germ. cent. 1. fol. 184 und Petri Suev.
eccl. 375. Abt Wolfram von Hirschau war hiebei Rathgeber der Grafen von Württem=
berg, und wird deßhalb von Sulger II. 42 als vastator monasterii angeklagt.
[3] Staatsarchiv. Ohne Datum. Copie. Die Ordnung ist für Benediktiner also für
die Zeit vor 1439.

gebenen richten soll nach geschriebenen Rechten und des Ordens Gesetzen und Gewohnheiten.

Item daß geordnet werd, Gottes Dienst in dem Chor zu singen, zu lesen und die heiligen Ampt der Meß und auch alle Tagzeit täglich zu seiner Zeit, und daß auch geistlich Zucht in dem Chor gehalten werd mit singen und lesen in Redlichkeit.

Item daß gesetzt werd ein Custer, der usricht die Kirchen oder Münster mit allen Gezierden zu bewahren und besorgen, als dann ein Custer thun soll, und der soll erwählt werden durch einen Probst und Convent oder den mehreren Theil.

Item derselb Custer soll einnehmen und zusammenbringen das Almusen und je das ganz dem Probst antwurten, und des ein Geschrift bei ihm haben, wann und wie viel er je dem Probst antwurt (überantwortet).

Item die Stök, darin man das Almusen auch gibt, wann man die ufschließen und das Almusen darus nehmen will, das soll tun ein Probst und Custer, und dabei soll auch sein ein Geistlicher oder Weltlicher, den die Herrschaft dazu bescheidet; die alle sollen dann das Geld zählen und dem Probst antwurten, doch daß der Custer, und der von der Herrschaft wegen dabei ist, jeglicher deß ein Geschrift behalte, wie viel des Geldes je sei uf ein Rechnung.

Item von dem Allem und andern des Gottshus Gütern soll der Probst verwesen die Kirchen und Kloster ze Nothburft an Büchern und ander Gezierd des Gottshauses, und das je empfehlen einem Custer, und der soll ihm dann darumb Antwurt und Rechnung tun, doch so der Probst das selbs nit usrichten oder tun mag.

Item daß ein Schlafhus ouch sei, daruf die Mönch gemeinlich bei einander liegen nach des Ordens Gesetz.

Item daß sie auch bei einander in einem Gemach ob Tisch seien und bei einander essen in Resentals (Refectorium) weis, und auch da haltend Geistlichkeit mit geistlich zu lesen und schweigen, und wie man ihnen die Pfründ geben soll mit essen und trinken, deß soll man übereinkommen.

Item daß sie die Ordnung des Ordens halten mit us — und in= wandeln und gehen, und das thun mit Urlaub zu rechten Ziten und not- bürftigen Sachen, und so ein Probst daheimen seie, von dem sie das Urlaub nehmen, oder so er nit daheim seie, von einem Custer Urlaub nehmen sollen.

Item wie man die Mönche versehen soll mit Gewand oder Kleibern und aller andern Zier und Nothburft, und daß sie auch tragen den Habit Sanct Benedikt Ordens.

Item die Mönch sollen ihr Gehorsamin thun und halten einem jeglichen

Probst daselbs als einem rechten Prelaten nach den Rechten und Gesetzen Sanct Benedikt Ordens. Item ein Probst soll bestellen, daß das Kloster zu rechten Ziten beschlossen und ufgethan werd u. s. w.

Item ein jeglicher Probst soll usrichten das Kloster und die Person darzu gehorend in geistlichen und weltlichen Sachen und auch die Guter und Nutzungen an allen Dingen einnehmen und einbringen selbst oder durch seine Diener und davon verwesen die Brüder und andere des Gotteshauses Sachen und je Rechnung davon thun dem Convent, so oft es nothwendig ist, und ob etwas erübrigt wird, daß das bei dem Gottshaus bleibe und in sein Nutzen und Frommen verwendet und gekehrt werde. Item den Probst und die Mönch soll visitiren zu rechten Ziten nach den Rechten und Gesetzen Sanct Benedikts Ordens ein Abt zu Zwiefalten."

Im Jahre 1471 ordnen die Visitatoren (von Buxheim?) in festo reliquiarum zu Güterstein an, daß die lectores trium lectionum jedesmal am Samstag die Uebertreter der Regel in der betreffenden Woche dem Probste anzeigen, damit derselbe sie zurechtweisen könne. (St.-A.)

Gegen Ende des Jahres 1534 wurde in Güterstein wie in den andern Klöstern inventirt. Im folgenden Jahre wurden die Carthäuser aus ihrem Kloster „verwiesen". Es heißt in einer Eingabe vom 27. Juni 1537: „bis auf die Zeit, wo Eure Fürstliche Gnaden die Väter verwiesen haben".[1] Die Güter des Klosters wurden der Stiftsverwaltung in Urach inkorporirt. Der Stadt Urach, welche dem Kloster einige Güter geschenkt hatte, wurden dafür 250 fl. bezahlt, die 10 fl., welche die Stadt wegen des Fronleichnamsfestes an die Carthause zu entrichten hatte, wurden ihr nachgelassen.[2] Die Klostergebäude wurden abgebrochen, was a. 1552 den Visitator und Prior zu Buxheim veranlaßte, Protest einzulegen gegen den vertragswidrigen Abbruch des Klosters.[3] Die fürstlichen Leichname in der Kirche in Güterstein ließ Herzog Christoph erheben (1554) und in Begleitung seiner Räthe, Amtleute und Hofdienerschaft auf drei mit schwarzem Sammt bedeckten Wagen nach Tübingen überführen und in der dortigen Stiftskirche beisetzen. Es waren nämlich zu Güterstein begraben: Herzog Christophs Schwester Anna († 1530), Graf Ludwig und seine Gemahlin Mechtild († 1482), deren Söhne Andreas und Ludwig II. Kloster Zwiefalten wollte Ansprüche auf Güterstein machen und führte deßwegen mit Württemberg

---

[1] Beschreibung des Oberamts Urach.
[2] Kolb. Mscr.
[3] Sulger Annal. Zwif. II. 42 sagt: perperam quoque 1551 a fratre Theodorico Lohr Carthusianorum provinciali Guetelstenio jam in profanos usus redacto annis quinque quotennes ex eo quingentos florenos cum duce pactus fuit.

Proceß bis in's vorige Jahrhundert. An der Stelle des Klosters wurde ein Gestütshof errichtet, was Sulger Anlaß gibt zu klagen über die Gottlosigkeit, ein Gotteshaus in Ställe zu verwandeln, „quod scelus paulo supra nostram memoriam coelum talione militari ultum ivit, equilibus in cinerem redactis."[1] Abt Balthasar von Zwiefalten bemühte sich 1630 vergeblich, die Rückgabe Gütersteins zu erlangen.[2]

Anmerkung. Freitag nach Luciä (13. Dezember) 1523 schreibt der Prior Benedikt zu Güterstein an die Stadt Reutlingen: er müsse Gott und seinem günstigen Herrn von Reutlingen klagen, daß in seiner Abwesenheit kürzlich zwei seines Convents aus dem Orden ausgetreten und der irrischen lutherischen Faktion anhängig worden. Da er nun gewisse Kundschaft habe, daß einer derselben bei dem Prediger zu Reutlingen sich aufhalte, so bitte er unterthänig, den Prediger aufzufordern und ihn im Weigerungsfalle zu zwingen, daß er den Mönch wieder nach Güterstein zurückschicke. Gayler. Histor. Denkwürdigkeiten der Reichsstadt Reutlingen. Seite 245.

---

[1] Sulger Annales Zwif. I. 78, 229. II. 41.

[2] Ueber Reliquien zu Güterstein berichtet das Chronicon coenobii Schutterani: „Conradus Sumehardt Doctor Tubingensis hic apud nos sepultus ante Chorum anno 1502 XIII. cal. Novemb., in suo tractatu de sanguine Christi...., testatur vidisse se in Carthusia Boni Lapidis dioecesis Constantiensis partem panni linei valde tenuis et subtilis, quam patres dicebant esse de peplo Mariae virginis, et in eo apparebant guttae sanguineae Redemptoris nostri; hoc donum acceperunt a Mechtilde archiducissa Austriae, quae illud multis precibus ab Alberto principe conthorali suo impetraverat." J. Fr. Schannat. Vind. lit. I. 22. — Ueber die Priore und Mönche von Güterstein siehe Beilage 15.

XXXI. Hospitalbrüder vom Orden des hl. Geistes in Markgröningen.

Nach dem Vorbilde des Hospitales, welches Innocenz III. zu Rom bei der Kirche St. Maria in Sassia errichtete, wurde in Markgröningen ein Hospital gegründet und den 25. Merz 1297 eingeweiht. Das Capitel der Hospitalbrüder von der Regel des heiligen Augustinus bestand aus sechs bis acht Brüdern, an deren Spitze ein Meister (praeceptor, rector) stand. Das Hospital war unmittelbar dem genannten Spital in Rom und dem dortigen Großmeister unterworfen und entrichtete dorthin jährlich auf Pfingsten 7 fl. Provinzialmeister (Generalvikar) war anfänglich der Meister des Hauses zu Memmingen, später der Meister zu Stephansfelden im Elsaß. Der Habit war schwarz, mit doppeltem weißem Kreuz. Unter dem Provinzialmeister zu Stephansfelden standen außer dem Hospitale zu Markgröningen das zu Bern, Memmingen, Wimpfen, Worms, Neuenmark, Pforzheim, Herbingshausen und Ruffach.[1] Eberhard der ältere führte auch hier, im Hospital zu Markgröningen, 1471 eine Reform ein bezüglich der Verwaltung.[2]

Als Herzog Ulrich die Regierung wieder angetreten hatte, wurde im Juli 1535 im Hospital inventirt, die Verwaltung dem Herzog unterworfen, welcher einen Mitverwalter einsetzte, der Orden wurde unterdrückt und die protestantische Religion eingeführt. Wer von den Brüdern die Confession des Herzogs nicht annehmen wollte, sollte im Spitale absterben dürfen.

Dieses Vorgehen des Herzogs veranlaßte den Visitator Markus von Ruffach, Meister des Gotteshauses Stephansfeld, sich um Hilfe an den Bischof Wilhelm von Straßburg, seinen Ordinarius, zu wenden.[3] Er bringt in seinem Schreiben vor: Herzog Ulrich habe in „seines Ordens Spital" zu Gröningen alle

---

[1] Petri Suev. eccl. 366.
[2] Heyd. Markgröningen. S. 252.
[3] Staatsarchiv. Gröningen. s. d.

Kelche, Kleinode, Kirchenzierden und Anderes inventiren lassen und dem Meister daselbst einen Schaffner als Mitverwalter beigegeben. Der Bischof schrieb [1] am 17. September 1535 an den Herzog und suchte denselben durch den Hinweis auf die vom Spital verpflegten armen Kinder und Waisen zu andern Entschlüssen zu vermögen.[2] Einen Erfolg konnte dieses Schreiben nicht haben, und der Orden blieb unterdrückt. Meister des Spitals war damals Johannes Schanz. Nach dem schmalkaldischen Kriege verlangte Johannes Fabri, Vikar und praeceptor generalis des heil. Geistordens Hospitaliariorum, die Restitution des Gröninger Spitals.[3] Nach vergeblichen schriftlichen Verhandlungen wurde Fabri auf den 12. Februar 1550 zu einer Besprechung nach Stuttgart geladen, wo ihn die Räthe durch allerlei Vorstellungen zur Nachgiebigkeit zu bewegen suchten.

Am 13. Februar 1550 stellen die Räthe an Herzog Ulrich den Antrag, dem Johannes Fabri zu eröffnen: er könne den Spital zugestellt erhalten, „wenn er den Spital mit einem eigenen Spitalmeister und der herzoglichen Unterthanen zu Gröningen Gerechtigkeit versehen und erhalten, auch gebürliche Rechnung vor den herzoglichen Abgeordneten und denen von Gröningen ablegen wolle", wenn er dieses nicht annehmen wolle, so werde der Herzog sich seinethalben entschuldigen, daß ihm die Billigkeit angeboten worden sei.[4] Da Fabri keine Concessionen machte, wurde der Spital dem Orden nicht restituirt. Im Jahre 1552 verglich sich Herzog Christoph den 21. Juni mit der Stadt Markgröningen wegen ihrer Ansprüche an den Spital, wobei der Herzog zu der Uebereinkunft die eigenhändige Bemerkung machte: „daß ihr auch gute Zucht und Ordnung bei Jungen und Alten im Spital anrichtet, die Abgötterei keineswegs darinnen gestattet."[5]

Meister des Hospitals vom hl. Geiste in Markgröningen: Arnold 1306; Hermann 1317; Hartmann 1347; Conrad Kasch 1396; Sigfrid 1402; Heinrich von Hemmingen 1427, 1429; Friedrich aus Pforzheim bis 1444; Johann Gleser 1461; Friedrich Doleator 1478; Alexander Vetter 1484 bis 1490; Johannes Bez, genannt Ursinus, 1507—1532; Johannes Schanz bis 1535.[6]

---

[1] Staatsarchiv. Copie. d. 1535, frytag nach des heiligen Crutzes tag erhöhung.
[2] Vgl. Heyd. Markgröningen. 240.
[3] Darüber ein Fascikel Akten im Staatsarchiv, betreffend Correspondenzen zwischen Johannes Fabri, Herzog Ulrich und Christoph, Rath und Gericht Gröningen. 1548/53.
[4] Staatsarchiv a. a. O.
[5] Heyd a. a. O. 260.
[6] Ebendaselbst. 240.

XXXII. Ergänzungen.

Zu Bebenhausen.

Sebastian Luz, seit 1547 Abt von Bebenhausen, welcher c. 1539 von Stams nach Thennenbach kam, wurde von den Thennenbacher Mönchen zu ihrem Abte erwählt. Freiburger Diöcesan-Archiv. XV. 234. Vgl. zu Bebenhausen Beilage 14.

Zu Abelberg.

a. 1540, den 28. April, stellen Meister Erhard Stöklin von Stuttgart, Prior, Petrus Rauch von Bregenz und Michael Ziegler von Göppingen, gewesene Conventualen zu Abelberg, einen Verzichts-Revers aus, laut dessen sie künftig im Kloster Lorch ihren Unterhalt empfangen sollen. Perg. Orig. im „Bären" zu Uttenweiler.

Zu Herrenalb.

Die descriptio infelicissimae expulsionis monachorum Albae dominorum, im 33. Band der Zeitschrift für Geschichte des Oberrheins, enthält eine größere Anzahl Akten über die Aufhebung des Klosters Herrenalb; v. Weech, welcher diese descriptio veröffentlicht hat, sagt: „Wo die Aktenstücke, welche derselben zu Grunde liegen, hingekommen sind, ist mir unbekannt." Diese Aktenstücke befinden sich zum großen Theil im Staatsarchiv zu Stuttgart. Die descriptio enthält folgende Akten:

1535. Freitag nach vocem jucunditatis. Herzog Ulrich befiehlt dem Abte Lukas zu Herrenalb, Niemanden zur heiligen Messe zu zwingen.

1535. Den 5. Juli. Morgens 10 Uhr kommen Hans Friedrich Thumb und Meister Erhard Schnepf in's Kloster, legen die neue vom Herzog befohlene Klosterordnung vor, erklären die katholische Religion und die Ordensregel für abgeschafft und verlangen unter Androhung großer Ungnade Gehorsam. Der Abt und Convent bitten um 4 Wochen Bedenkzeit. Dieselbe wird ihnen jedoch verweigert. Der Abt und Prior mit 10 weiteren Personen bitten, sie bei der alten Religion und Ordens-Uebung zu lassen, aber vergeblich. Vier Mönche ziehen fort zu ihren Verwandten, nämlich Jakob Pforzheimer, custos, Johannes Schick, Weinkellerer, Cyriakus von Baden, subprior, Egibion von Weilderstadt. Philipp Degen, c. 20 Jahre alt, ganz unverständig und unerfahren, wird nach Maulbronn abgefertigt. Johannes Kraft, 45 Jahr alt, von Gröningen, Prior, wird verleibbingt. Ludwig Breter von Leonberg, Oberbursirer, 65 Jahr alt, bittet, ihn in Anbetracht seines Alters und seiner Gebrechlichkeit im Kloster zu lassen und will im Orden bleiben. Er wird vor das Kloster hinausverwiesen. Conrad Epp von Brakenau, 63 Jahr alt, ein kontrakter, kranker Mann, verspricht, wenn der Herzog ihn im Kloster lasse, wolle er weltliche Kleibung tragen. Er wird verleibbingt. Gallus Thorwart von Bretten, 63 Jahr alt, bittet um Gottes willen, der Herzog wolle sein Alter und seine Krankheit berücksichtigen und ihn im Kloster lassen. Er will seinen Orden und seine Religion nicht verlassen und wird vor das Thor hinaus abgefertigt. Georg Trippelmann von Tübingen, Bursirer, auf Pfingsten 49 Jahre alt, will seine Kutte nicht ausziehen und auch nicht nach Maulbronn. Wird vor das Thor hinausgewiesen. Bruder Antonius von Mökmühl will die neue Ordnung annehmen, kann lesen und schreiben. Bruder Mattheis Riem von Pfullingen, bei 70 Jahre alt, bittet um Gotteswillen, ihn im Kloster zu lassen, er wolle Alles thun, was er wisse und könne. Johannes Schick, Priester von Baden, c. 35 Jahre alt, Kellerer, versteht das Glaswerk, wird verleibbingt. Jakob Groß von Baden, custos, will die neue Ordnung annehmen, wird verleibbingt. Cyriak Lercher von Bach, subprior, will die neue Ordnung annehmen und zu Herrenalb das Predigtamt versehen. Wird verleibbingt.

1535. Den 7. Juli. Herzog Ulrich befiehlt dem Abte Lukas, den sieben Mönchen, welche sich zu Stuttgart präsentirt haben, ihre Abfertigung auszubezahlen. Die Namen dieser sieben (apostasirten) Mönche sind: Johannes Mörlin von Calw, Sebastian Hersch, Hieronymus Fischeß von Urach, Johannes Bronnfelser von Gundelfingen, Benedikt Ruf von Deffingen, Absalon Bronnfelser, Stephan Strang von Rieblingen. (Akten im Staatsarchiv.) s. d. Abt Lukas bittet den Herzog, die alten Mönche bei ihm im Kloster zu lassen. Zeitschrift f. G. d. O. Seite 303. Papier Copie im Staatsarchiv.

s. d. Bittschrift des Priors Johannes Kraft und des Conrad Epp (Apostaten) um Unterhalt im Kloster und 1/2 fl. Badgeld. Zeitschr. f. G. b. O. Seite 304. Staatsarchiv. Pap. Copie.

Verschiedene Akten, betreffend die Abfertigung der sieben abtrünnigen Mönche. Zeitschr. f. G. b. O. Seite 304 und 305 ff., Papier Copien im Staatsarchiv.

Ergänzungen.

s. d. Abt Lukas bittet den Herzog, ihm keinen verheiratheten Prädikanten zu schicken, insbesondere nicht den Dirt Nörrlinger, welcher 100 fl. und freie Station verlange.

1535. Den 15. Oktober. Georg von Ow und Hans Conrad Thumb verhandeln im Schloß zu Nürtingen mit dem Abt Lukas wegen seiner Pensionirung und Annahme eines Mitverwalters.

1535. Samstag nach Simonis und Juda. Gutachten der Conventualen: Der Abt solle die ihm gestellten Bedingungen annehmen, damit er im Kloster bleiben könne. Zeitschr. f. G. d. O. l. c. Seite 312. — Papier Copie im Staatsarchiv.

s. d. Abt Lukas nimmt die Vereinbarung an, gemäß deren er des Herzogs Diener und Rath ist, einen Mitverwalter sich beigeben läßt, dem Herzog Rechnung stellt und im Kloster den geziemenden Unterhalt erhält.

d. Pfullingen, den 23. Oktober 1535. Ulrich, Herzog von W., an den Abt Lukas. „Ulrich u. s. w. Unsern gnädigen Gruß zuvor. Würdiger, Andächtiger, Lieber Getreuer. Wir haben Euer Schreiben, darin ihr euch der Handlung, so unsere Gesandte und liebe Getreue Reinhard von Sachsenheim und Philipp Volland auf unsern Befehl mit euch gepflogen, beschwert, mit angefügter unterthäniger Bitte, wir möchten euch in Ansehung, daß ihr mehrentheils alt, krank und schwach seid, im Kloster an eurem Ort bleiben lassen, des fernern Inhalts vernommen. Nun hätten wir uns keineswegs versehen, daß ihr euch diesem unserm billigen Vornehmen solltet widersetzt haben, da wir Solches nicht allein nur mit euch, sondern mit unsern andern Prälaten und Klöstern auch vorgenommen haben und allbereits bei den vornehmsten Prälaten gar keine Widerspenstigkeit, sondern alle gehorsame Willfährigkeit gefunden haben. Wir werden auch durch das heilige, seligmachende Wort Gottes gelehrt und dahin gewiesen, daß wir eurem antichristlichen Regiment — durch welches manche, gutherzige Gewissen so jämmerlich geblendet und gefangen gehalten werden — nicht länger zusehen können, sondern gedenken dies, so viel immer an uns, vermittelst göttlicher Hilfe in eine bessere gottseligere Veränderung zu bringen, wie wir uns denn, als eure von Gott verordnete Obrigkeit, solches zu thun schuldig erkennen und es zweifelsohne vornehmlich gegen Gott den Allmächtigen, auch Römische Kaiserl. und Königl. Maj. und gegen männiglichen wohl zu verantworten wissen, und wollen euch demnach gnädiger Meinung nicht vorenthalten, daß wir gedenken, angeregtem unserm Vornehmen gegen euch gleicherweise wie gegen unsere andere Prälaten und Klöster Vollziehung zu thun, fürderlichen Befehl hiezu zu geben und mit euch nichts Besonderes zu machen. Darnach habt ihr euch zu richten." Siehe Zeitschr. f. G. d. O. l. c. Seite 316.

Relation über die Unterdrückung des Klosters Herrenalb im Oktober

1535 in Zeitschrift f. G. b. O. l. c. Seite 317 ff. Zwei Copien hievon im St.=Archiv. Bittgesuch des Abts Lukas an den Herzog, ihn mit den Mönchen bei seinen Rechten zu lassen. Zeitschr. f. G. b. O. l. c. Seite 322 und im St.=Archiv, vgl. Beil. 6.

d. 11. Merz 1536. Die vier Conventualen Ludwig Bretter, Gallus Thorwart, Georg Pöß und Sebastian Metzger bekennen, daß ihr lieber Herr und Prälat, Abt Lukas, sie „oftermals väterlich und treulich gebeten und uf's höchste ermahnt hat, bei seiner ehrwürden und unserm gotshaus glaub und gehorsame, auch dem hailigen orben, wie frummen München gezimbt, zue bleiben und nit abzuweichen". Zeitschr. f. G. b. O. l. c. Seite 330.

d. 3. Dezember 1534. Die zur Inventirung verordneten: Reinhard von Sachsenheim, Philipp Volland, Vogt zu Gröningen, Cosmas Wolflin von Cannstatt und Sebastian Hornmold, Vogt zu Bietigheim, berichten an den Herzog: Am 1. Dezember seien sie nach Herrenalb gekommen; der Abt und Convent haben sich beschwert über die Einschließung der Kleinobien und Dokumente, die begehrten Eide abzulegen, haben dieselben sich geweigert. Zeitschr. f. G. b. O. Seite 336.

d. 3. Dezember 1534. Schreiben des Abts Lukas an den Herzog. Der Abt beschwert sich über die Einschließung der Dokumente und des Silbergeschirrs. Zeitschr. f. G. b. O. l. c. Seite 336.

d. Urach, 7. Dezbr. 1534. Herzog Ulrichs Antwort auf das Vorige: Es müsse mit allen Klöstern gleich gehandelt werden, und solle daher der Convent die verlangten Eide (alles Inventar anzuzeigen, nichts zu verändern u. s. w.) in eines Geistlichen Hand ablegen. Am angeführten Ort S. 337.

Verschiedene Akten, die Inventirung zu Herrenalb a. 1534 betreffend. Ebendaselbst Seite 338—344.

d. Stuttgart, den 25. Februar 1536. Herzog Ulrich beruft den Abt Lukas nach Tübingen, wo er der Sitzung des Hofgerichts anwohnen soll; „darneben ist auch unser befelch, daß ihr die kappen, schaplen und ordens= habit und andere erliche klaiber (priestern wol anständig) anleget und fürter= hin also gebrauchend. Deß wellen wir uns gänzlich versehen". Ebendaselbst Seite 344.

1536. Verhandlungen der Commissäre zu Herrenalb bei der Räumung des Klosters den 17. Januar. Die Commissäre von Thumb, von Gült= lingen, Wilhelm Hagenbach, Amtmann, beriefen den Convent zusammen, vom Kanzler Nikolaus Mayer wurde eine Anrede gehalten und erklärt: Da das Klosterleben dem Worte Gottes schmählich, lästerlich und widerwärtig sei, könne es der Herzog nicht mehr länger dulden: die noch vorhandenen Mönche müssen daher morgen früh nach Maulbronn abfahren, wo man sie unterhalten und ihnen das Wort Gottes werde predigen lassen. Der Abt begehrte Bedenkzeit bis auf den folgenden Tag. Es wurde ihm aber seine Bitte abgeschlagen; man müsse sich noch in der Nacht zur Abreise bereit machen. Jakob Pforzheimer, Custor, hat in dieser Nacht die Kutte mit einem schwarzen Rock vertauscht. Der Unterbürsirer (Tripelmann) und einige andere gingen zu den Commissären und baten, man möchte sie barmherzig im Kloster bleiben lassen. Ihre Bitte wurde abgeschlagen. An diesem Tag, den 18. Januar, hat Konrad Feser von Weingarten die Kutte ausgezogen, einen blauen Rock angethan und einen grauen Hut mit Straußfedern aufgesetzt. An demselben Tag erklärten die Räthe dem Abt: Ludwig Bretter, Georg Tübinger und Gallus Thorwart weigern sich, die Ordenskleider abzulegen und wollen nicht nach Maulbronn, deßhalb müssen sie aus dem Kloster abgefertigt werden. Der Abt fragte, ob nicht ein anderer Weg gefunden werden könnte. Die Räthe antworteten: Nein! Der Herzog müsse sich den anderen protestirenden Ständen vergleichen (gleich halten). Am Mittwoch suchten die Räthe noch einmal die obgenannten drei Mönche zu bereden, daß sie sich fügen, sie richteten aber nichts aus, worauf sie ihnen Nachmittags ausboten. Bruder Philipp mußte am gleichen Tag nach Maulbronn abreisen und ließ man nicht zu, daß er warte, bis ihm zwei neue Hosen gemacht worden wären. Am Donnerstag post prandium sind die Herren Räthe wieder von Herrenalb weggeritten. Am angeführten Ort Seite 347—353. Georgius Bassius [1] (der spätere Abt Tripelmann) begab sich nach Kloster Neuburg, wie hervorgeht aus folgendem Briefe des Abtes Lukas von Herrenalb an den Abt Johannes von Neuburg vom 11. Merz 1536:

Reverende in Christo pater et domine in primis colende! post orationum suffragia se ipsum humiliter commendat totumque offert. Reverende pater, rediens jam pridem a Reverenda Paternitate vestra charissimus frater Georgius subbursarius noster, ex ordine singula nobis retulit, quae ab eadem R. P. V. sibi fuerunt commissa, quae non solum in his nostris perturbationibus consolatoria, verum etiam admodum jucunda nobis fuerunt. In his namque affectum paternum, animum integrum, atque omnem benevolentiam R. P. V. erga nos nostrumque monasterium experti sumus. Ob id gratias agimus R. P. V. immortales relaturi etiam, si unquam poterimus, non tamen in tribulatione, sed in prosperitate et successibus magis fortunatis. Retulit insuper idem frater R. P. V. sese obtulisse benevolam ut eundem colligere et aliquamdiu paterne intertenere velit. Quam rem, cum sit

---

[1] Die Mönche hatten vielfach einen Beinamen, so Tripelmann den Namen Pöß; er figurirt in den Akten unter folgenden Namen: Georg Tripelmann, Jörg Tübinger, Georg von Tübingen, Pöß, Pais, Bassius.

paterni affectus maximum indicium, non minore accepimus gratitudine. Eo itaque intuitu ipsum fratrem ea solummodo de causa ex nostro monasterio jam nuper relegatum, quod novae sectae Lutheranae assentire noluit, ad R. P. V. mittimus, affectuosius rogantes, ut tanquam pius et benignus pater ipsum paterne excipere atque commendatum, habere dignemini. Fidelis namque est et honestus, qui non tantum, ut speramus, placebit, sed et in omnibus R. P. V. suoque venerabili conventui morem geret. Faciat igitur, in nostris miseriis et angustiis R. P. V. uti de ea confidimus: et nos pro libito suo astrictos perpetuo habebit.

Feliciter valeat R: P. V. cum sibi commissis. Ex nostro coenobio de Alba XI. Martii anno XXXVI.

Fr. Lucas, solo nomine abbas Albensis.

A. a. O.: Seite 353.

d. 1537. Zinstag nach Nikolai. Abt Lukas an Herzog Ulrich. Der Abt bittet, daß er wie bisher selbst im Kloster die Rechnungen der Pfleger abhören dürfe, l. c. 357. Dies ist das letzte von Abt Lukas unterzeichnete Aktenstück. Der Abt wurde demnach nicht vor. 1538 verhaftet und eingesperrt.

Beilagen.

Beilage 1.

1556. Mai 12. Bebenhausen. Leonhard Joß, Prior in Bebenhausen, an Georg, Abt zu Thennenbach.

Ad debite. servitutis subiectionem. Reverende pater! E. g. wunsch ich vil glucks in die prelatur, vernunfft, weyssheit vnd verstand von got alles zu ordnen, regieren vnd verschaffen nach der eer, lob vnd willen gottes vnd zu wolfart des loblichen gotzhuss. Gnediger herr. Gegen e. g. bedanck ich mich zum vndertönigsten der trostlichen verheyssungen vnd zusagung, dann wir widerum in grosser gefar stond, vns ist vff getrochen eine newe reformacion, durch welche vnser alt langhergebrachte cristenlich religion gantz offgehaben vnd abgeschafft werden dargegen ein newe closter ordnung von abtrunnigen pfaffen vnd munchen erdicht, angericht vnd wie wol vnser kainer weder prelat noch conventualen iung oder alt in solch reformacion bewilligt, ye doch wurt die Lutherey offentlich in vnserm gotzhauss gepredigt vnd in der schul gelert, also das ich nit wayss ob mir mögen bleyben oder nit. Wan es aber dahin kompt das ich widerum muss weychen als ich besorg, will ich zu e. g. kommen vnd mich halten darab e. g. kein missfal sollenn haben. Sodann e. g. mir die frümess zu Bergen zustelte, woelt ich mich dermassen in handel schicken, das Thennenbach mein kein schaden solt haben. Ich schick hie mit e. g. in einem schettele ein pomum ambre den ich e. g. schenk in die prelatur, vnderthöniglich bittend, sie woelle soelches gnediglich von mir vffnemmen, thu mich e. g. in aller vnderthönigkeit bevelhen.

Datum Bebenhusen den XII. tag may anno 56.

E. g.   vnderthöniger caplon
                  Leonardus Joss.

Adresse:

Reverendo in christo patri et domino Georgio monasterii porte celi alias Thennenbach abbati dignissimo patri ac domino suo graciosissimo.

                                                          Thennenbach.

Beilage 2.

1534. Donnerstag nach Luciä. Bebenhausen. Johannes, Abt zu Bebenhausen, an Ulrich, Herzog von Württemberg.

Durchleuchtiger, hochgeborner fürst, gnediger Herr, eueren f. g. seien vnser demütig gebett gegen gott vnterthenig, willig vnd geflissen dienst allzeit berait zuuor. Gnediger furst und herr. Kurz verructer tag seind euer f. g. geordnete commissarien nemblich der edl vnd vest Hanss Conrad Thumb von Neuburg, Erbmarschalckh, Onofero Grempp vnd Georn Baihel von Stuetgarten hie ankummen vnd nach übergebung einer credenzschrifft von euer f. g. an vnss aussgangen, bey vnss eine mündtliche werbung vngefehrlich vff volgende mainung gethan, namblich, daz euer f. g. befelch vnd mainung, das sie all vnser vnd vnsers gottshauses einkummen vnd vermögen, nichts aussgenommen, inventiren vnd beschreiben sollen, mit beger, wir wollten zue solchem fürterlich verhellffen, ihnen solches alles bey aidtspflichten, so wir derowegen thuen sollten, eröffnen vnd anzaigen, welchem wir nun nach etlichem notwendigem vnd schuldigem wegern vnterthenige vollziehung gethan, ihnen den commissarien vnser vnd unsers gottsbauss einkommen auff daz allerfleissigst vnd getreuelichst angezeigt, darinn kein mühe, zeit noch arbeit gespart, ihnen auch darneben all vnser baarschafft, silber-geschirr, kirchen- vnd ander klenodien sambt allem anderm vnserm vorreht von wein vnd früchten in zweien zetln verzaichnet übergeben. Vnd wiewol wir vnsers verhoffens bei bemelten commissarien in gehörtem anzaigen anderst nit dann wie ehrlichen leuthen gebiert geschinen, haben doch erst zulezt sie die commissari an vns gelangt, nicht allein die barschafft, cleinod vnd das silbergeschirr, sonder auch alle vnsere brieff vnd beste ornaten hinder drey schlüssel, darunder der ain euer f. g. der ander mir dem prälaten vnd der dritte vnss dem convent zugehören sollt, einzuschliessen. Vnd wiewol wir vnss dess wie billich zum höchsten beklagt, sie die commissari fleissigst vnd vnterthenigst darfür gebetten vnd angezaigt, was nachteils und schadens daraus volgen, nemblich dass wir der brieue sonderlich bey diser irrigen welt alle tag bedörfftig, dass auch dieselben, so sie allso eingeschlossen vnd also zue notturfftigen zeiten dazu gesehen werden möchte, leichtlich in abfall kommen. Vnd in summa sollich einschliessen vnss vnd vnserem gottshauss nicht allein zu verderben, sonder zu hoher schmach, verkleinung vnsers herkommens vnd vnzweifel dahin raichen wirdet, dass wir fürter solches zu verwalten bey menniglichen für vntauglich geschetzt. Haben wir doch solches vnangesehen, dass wir bissher in vnserer haushaltung sperlich vnd erlich erschinen, vnd vnss dassjenige, so vnss von gott vnd dem glückh verlihen, billich nit auss vnserm gewallt gewent werden soll, bei ihnen den commissarien nicht erlangen mögen.

Dieweil nun gnediger fürst vnd herr, wir ganz vnzweifenlicher vndt untertheniger hoffnung, euer f. g. auss fürstlichem vnd christlichem gemüeth nit gemaint, vnss dasjen, so vnss von gott vnd allen rechten zusted, wider vnsern willen dermassen einschliessen zu lassen, sonder vielmehr geneigt, vnss alss euer f. g. schirmsverwanten bey demselben gnedig schuz, schirmb vnd handthabung zu beweisen vnd wir je auss schuldiger pflicht gevrsacht, e. f. g. vmb gnedige abwendung gemelter commissarien vorhaben anzusuechen. Vnd dem allem nach an e. f. g. vnser vntertheonig höchst vnd fleissigst bitten, die wellen in gnediger bedenkung oberzelter vrsachen vnd auch dass wir je krafft vnsers gefreyten herkommens (ob wir gleich visitirens würdig) nicht dermassen vnd durch weltlich personen, sondern durch vnsern oberen oder visitator sollten visitiret werden, gemelter commissarien anlangen vnd fürnehmen gnediglich abwenden, vnss alss getreue schirmsverwante vnd die so in allen euer f. g. obligen in voriger vnd ieziger e. f. g. regierung (bezeugen wir mit gott) allwegen mit ganzen treuen vnd vnsers vermögens erschinen gnediglich bedenckhen vnd vnss bei dem vnsern wie bissher vnuerruckt bleiben lassen. Begern vmb dieselb e. f. g. (die gott der herr inn glücklicher regierung lang vffhalt) wir neben dem, dass wir bei gethaner pflicht angezaigt silber cleinoter vnd vorraht ausserhalb nohtwendiger hausshalltung keinswegs zu verändern erbietig gegen gott vnd in zeit vnsers vermögens in aller vnterthenigkeit höchsts fleiss zu verdienen.

Datum Bebenhausen donnerstags nach Luciae anno 34.

E. F. G.

vnterthenige cäplön
Johannes abbt vndt ganzer convent zu Bebenhussen.

Abresse:

Dem durchleuchtigen hochgebornen fürsten vnd herrn herrn Vlrichen herzogen zu Würtenberg vnd Thek, grauen zu Montbelgart &c. unserm g. fürsten vnd herrn &c.

Beilage 3.

1556. Mai 24. **Bebenhausen.** Sebastian, Abt zu Bebenhausen, an Georg, Abt zu Thennenbach.

Orationes in domino devotas et se ipsum totum offert ad omnia paratum. Reverende in christo pater et domine. Ewer erwurde schreiben hab ich von meines lieben herrn von Zwifalten diener empfangen vnnd inhalts vernommen. Vnnd erstlich wie ich E. E. nechermals geschriben, also stat es noch vm vnns in monasterio Bebenhusano. Die mess ist abgeschafft. So ich oder meine seniores wollen celebrieren, muss das in conclavi vnnd in stillem geschehen, vnd nit gar ohne forcht. Omnia nostra alia sunt immutata. Ich hab zwen preceptores, ainer profitetur teologiam, alter artes, et ille etiam concionatur populo. Sind jung gesellen, putant se omnia scire, bene sciunt spernere vetera et erigere nova. Ich hab sex junger schuoler miessen annemmen. Diese lert man vff den newen schrot. Meine jungen conuentbrueder miessen auch ad lectiones gon, beduncht mich doch sy haben nit vil willens darzu. Waiss nit wie es irthalb sich schicken wirt .... ma dise new furgenomen ordens .... monasteriis destruet omnia monasteria .... die weyl seer lang sedeo in sorgen .... vnd not, gott wölle gnad verleichen dar .... meine seniores mögen mit gedult .... schiffen. Zum andern, den herrn von .... vnnd seiner Erwurde zwen junger betreffende, rogatus rogavi, souer es E. E. gelegenhait erleiden mög, stat by der selben willen vnnd gefallen, sy ze halten vnnd wa sy beschwerlich sein wölten wider abzufertigen. So es sein mag sy nebet denen von Salemschwiler zu halten, werdet Ir dem herrn von Zwifalten ain sonder wol gefallen thon vnd der bezalung halb des tüsch wurdt es nit mangel haben. Ich wil es auch vm euch verdienen. So es aber nit sein mag, sol by mir deshalb de pristina amicitia nicht abget .... werden.

Zum dritten das margraff Carle vnd sei .... amptleut wider euch vnd das gotshus .... seind, davon hab ich vor vnd ee ewer schreiben mir zukommen, gehört vnnd sicht mich für gants beschwerlich an, dan dwyl des gotshuss Thennenbach sein best einkommen in der margraffschafft fallen hat, wil beschwerlich fallen, ain ongnedigen margraffen vnd auch amptleut zu haben. Dwyl aber ainer nit lenger friden kan haben, dan ime sein nachpaur zulesst, miesst Ir es got bevelchen vnd die herrn der regierung .... hilff nemmen vnd sehen, wie Ir dis orts .... hinuss kommen. Were doch mein ongepetner .... onbegerter rath, Ir hetten gesehen .... Ir doch by den amptleuten möchten .... en überkommen, damit dem gotshuss .... weniger nachtayl ervolgte, dan die amptleut kinden euch wol vnd übel thun vnnd das übel dergestalt, das Ir es nit wol kinden klagen. Credo uos me bene intelligere.

Souil ewere fratres belangt, haben wir tempore resignationis mee wol gespurt, was sy im sinnd gehapt, sed noluimus eorum voluntatem perfici. Ich hab auch wol gedacht, sy wurden sich des gegen E. E. hernacher erzaigen. E. E. seyen Irem bevolchnen ampt trewlich vor vnnd lassen sich nit irren obschon onruehig brueder vorhanden syen. Das Ir dan auch schreiben ewer person halb, das Ir nit gleich wol vff .... etwas krank seien, ist mir trewlich laid, got der her wölle es bessern. Doch wollen Ir by verstendigen by zeiten rath suochen, mag euch noch wol hilff geschehen, dan E. E. noch jung vnd deren wol geholffen werden mag. Zu letztem das sich E. E. gegen mir vnd meinen conuent gunstiglich erpietten, wan die sachen sich noch beschwerlicher wolten zutragen, alles mit vns ze taylen vnd vns nit zu verlassen, des bedank ich mich von meinet vnd des convents .... gans fruntlich, wil das vm E. E. .... deren gotshuss soviel mir muglich ver .... wir wöllen vnns so lang mir mög .... wir gern niemanden wolten beschwerlich sein oder werden. So es aber je anders nit sein kinde, wöllen wir dannoch sehen, das wir niemanden überlestig werden, ob wir gleich guet herrn vnd frund ansprechen miessten. Das alles hab ich E. E. vff Ir schreiben wider zuschreiben wollen Optime valeat v. p. r. ex Bebenhusen 24. May anno 56.

R. Sebastianus abbas
in Bebenhusen.

Abreſſe:

Dem erwurdigen vnnd gaistlichen herrn her Georgio abbt des gotshuss Thennenbach, meinem insonders lieben herrn vnd frund.

Orig. Pap.

NB. Wo die Lüden in der Abſchrift ſind, iſt die Vorlage durchlöchert.

Beilage 4.

1557. April 29. Bebenhauſen. Sebaſtian, Abt zu Bebenhauſen, an Georg, Abt zu Thennenbach.

Orationes in domino devotas et seipsum ad omnia beneplacita offert promptissimum. Reverende pater et domine. Ewer erwurde schreiben hab ich von Luxen empfangen vnnd alles inhalts vernommen, vnnd das E. e. willens gewesst, selbert mit Luxen heruss ze kommen vnnd mit mir vnnd dem conuent fruntlich gesprech ze halten, hette ich vast wol leiden mögen, souer es irer gelegenhait halber sein het mögen, wil auch E. e. gebetten haben, das sy zu Irer eehisten gelegenhait heruss spacieren wölle, wöllen wir nit allain fruntlich gesprech halten, sonder auch die wein, deren ich zimlich guot hab, versuochen.

Das dan E. e. begeren ze wissen wie ich lebe vnd wie alle sachen standen, thon ich deren ze wissen, das es dismals zimlich wol vm mich stat, allain plagt mich je zu zeiten der calculus vnnd arena, auch hab ich ettliche mal grosse hauptwee, darzu mich auch verursacht die gross vnruob, darin ich teglich stecken muss, dan wenig ruob vnd frid verhanden by denen leuten, damit ich zu thonn haben muss, dan es stet noch in terminis, wie E. e. hieuor ettliche mal vernommen haben. Antiqua iacent et uilescunt, nova placent et eriguntur passim. Cum patribus et fratribus meis stat es noch wie uor, paciuntur et tacent. Ich gib yetz tausent sibenzehn gulden turcken schatzung. Et postea Catharine funfftausent nicht destweniger. Hiemit erpeut ich mich zu E. e. diensten, que optime valeat.

Ex Bebenhusen 29 aprilis anno 57.

Sebastianus abbas zu Bebenhusen.

Adresse:

Dem ernwurdigen und gaistlichen herren her Georgio abbt des gotshusses zu Thennenbach meinem sonder lieben herrn vnd guoten frund.

Orig. Pap.

Beilage 5.

1560. April 1. **Bebenhausen.** Sebastian, Abt zu Bebenhausen, an Hans Schweizer zu Freiburg.

Orationes et in domino salutem plurimam. Lieber maister hans. Ewer schreiben manu alterius altem brauch zuewider (so mich etwas verwundert) verfertiget, hab ich empfangen vnnd innhalts vernommen. Vnd souil die handlung mit der resignation betrüfft, mag ich gedenckhen, daz die so khain wissens haben, mit was geschwinden pracktigen man vnderstehet alle monasteria ducatus nostri wider einzuenemmen, wie dan mehrenthails schon geschehen, sich hoch verwunderen vnd mein handlung nit guet haissen khünden. Wer aber waist wie alle sachen standen, mit was beschwehrnussen, betrang, eingriff in gaistlichen vnd zeitlichen ich bissheero bekhümbert worden, wurdt sich nit so gar hoch darob verwunderen, insonders so er waist wie ich gehandlet.

Dieweil ich mit vil vnd anleidenlichen beschwerden beladen gewest, darnebet kranckhaiten meines leibs zuegenommen, daz ich nit mehr diser administration vorstehen mögen, hab ich nach der ruo anfangen zue gedenckhen vnd daz mittel der resignation fürgenommen, nit der mainung principi zue resignieren, sonder in praesentia praelatorum conuentui. Doch weil ich bedacht, daz ohne bewilligung des landtsfürsten die negocien nit wol khünden fortgang haben, hab ich suppliciert vmb zuelassung der resignation, mich nit anderst versehen, dan es solten praelaten berieffit worden sein, in quorum praesentia ich conuentui resigniert vnd gleich ein anderer praelat wer erwöhlt worden. Ist aber mir contra meam voluntatem der zweckh versteckht worden, die burde vnd last der administration von mir genommen, dignitas praelaturae bliben, vnd also subtiliter mit mir gehandlet worden, daz ich es nit verstanden, biss ich dermassen verfesst, daz ich nicht mehr weichen khunden, ich wollte dan grosse vngnad vff mich geladen haben. Es were vil de hoc negocio zue schreiben, aber doch nit sicher, mundtlich were es besser. Ich gedenckh Sixt werde etwan herauss khommen, dem will ich alle ding anzaigen, die pension ist nit also ring, mich benuegt darmit gar wol. Ich bin seit nativitatis christi sehr khranckh gewest vnd noch, will bald in saurbrunnen ziehen, hilfft der nit, so helff gott.

Optime valete ex Bebenhusen 1 aprilis anno 1560.

Sebastian abbt zue Bebenhaussen.

Allen herren vnd freunden, so nach mir fragen, wollen alles guets von mir anzaigen, vnd sie piten, sy wellen disen mein handel im besten verstehen, wollen ihr auch daz best darzue reden, wil ich verdienen.

Adresse:

Dem ersamen vnd wolgelehrten meister Hannssen Schweizern, thennenbachischen schaffner zue Freyburg im Preysgaw, meinem lieben herrn und freundt zue eignen handen.

Beilage 6.

1535. Montag nach 11 000 Jungfrauen. Herrenalb. Lucas, Abt zu Herrenalb, an Ulrich, Herzog von Württemberg.

Dem durchleuchtigen, hochgebornnen fürsten vnd herren herrn Vlriehen herzogen zu Würtemperg vnnd zu Theck grauen zu Mümpelgart etc. vnnserm gnedigen fürsten vnd herren etc.

Durchleuchtiger, hochgebornner fürst gnediger herr, ewern fürstlichen gnaden seyen vnser gebett gegen gott vnnd willige diennst inn aller vnderthönigkeit vnd gehorsame zuuor an bereit. Gnediger fürst vnd herr, es haben E. F. G. gesandten die edell vest ersam vnnd fürnem junckher Renhart von Sachsenheim und Philips Vollandt vogt zu Gröninngen by wenig verschinen tagen mir dem abbte ein credenz überantwurt vnd daruff werbung vnd anbringen irem beuelch nach an vnns gethon, nemlich zum ersten das vnnsers gozhus cleinotter, brief, register vnd anders wie das hieuor inuentiert vnd ingeschlossen ist gen Stuttgarten in E. F. G. renntkammer soll gefiert werden. Am andern das wir vns mit furung darzu sollen schicken, wann E. F. G. vns vngeuerlich inn vierzehen tagen widerumb werden schreyben lassen, das ein' yeder dess conuents mitt sampt seiner bettladen vnd bettgewandt gericht sey inn ein ander closter dahin sie verordnet werden ze farn, sollichs alles mit weytterm innhallt, haben wir mit gepürender reuerenz vnd inn aller vnderthönigkeit vernomen, vnnd geben daruff E. F. G. vnderthönigklich zu erkennen, das von anfang als vnser gozhuss inn den schirm dess löblichen huss Würtemperg beuolhen vnd komen vnsere vorfarnden sich gegen den herschafften zu Würtemperg ye wöllten her (anders vns nit wissend) vnderthönigklich erzeigt vnd gehallten, dargegen auch allwegen von den herschafften gemelt vnser gozhuss die äppt vnd conuent gnedigclich geschuzt, geschirmt vnnd gehandthabt worden sind. Diewyl dann gnediger fürst und herr gegen E. F. G. wir vnns dermassen inn aller vnderthönigkeit gehorsame vnd gutwilligkeit bisher auch erzeigt vnnd bewisen haben vnd mit hillff dess allmechtigen hinfüro vnser leben lang inn müglichen dingen thon wöllen, so langt an E. F. G. vnnser demuttig bitt vmb gottes willen, die wöllen als vnser gnediger schirmherr vns bey vnserm gozhus ouch bey desselben vnd vnsern gnaden, fryheiten, briefen, eehafften, hab vnd güttern gnedigclich pleyben lassen vnd als diebjenigen so darwider nichts verschult oder verwirckt haben, vnnd mit gottes hillff hinfürter nit thon wöllen, daruon nit verweysen, sondern mit vnns inn ansenhung das wir zum merertheyl schwach, allt vnnd krannkh sind, vnnd one tödlichen nachtayl vns nit wissen an andere ort zu uerenderen ein gnedigs vnnd vetterlichs insenhen haben, das begeren vmb E. F. G. wir in aller vnterthönigkeit vnnd schuldiger gehorsame allzeit willig zu uerdienen vmb gnedige antwurt vmb gottes willen bittende.

Datum Herennalb, montags post XI. M. virginum anno XXXV.

E. F. G.

vnderthänig caplön Lucas abbte, prior und conuent zu Herrenalb.

Beilage 7.

1534. Oktober 31. Stuttgart.

Usschreiben ahn alle amptleuth gericht vnd rath zue endern vnd zu besetzen.

Von gottes g. Vlrich hertzog zu Wirtemberg etc.

L. g. Uss erforderung der hohen notturfft vnd sondern bewegenden vrsachen beuehlen wür dir mit ernst, du wollest von vnsern wegen dich aigentlich erkundigen vnd erlernen gelegenheit aller persohnen, gerichts vnd raths bey dir zue N., wer ein jeder sey, vnd wie sich ein jeder gehalten habe vnd darauf fürderlich vnd vnuerzogenlich gericht vnd rath von newen dingen besetzen vnd dich befleissen, diejenigen darzue fürzunehmen, denen zu uertrawen, die auch zue verwaltung desselbigen geschickht, tangenlich vnd vns bissher anhengig vnd vnser parthey gewesst und pliben sein vnd deren wissen zue getrosten, daran verlassen wir vnnss ernstlich.

Datum Stuetgarten den letzten tag octobris Anno 1534.

Cedula.

Vnd insonder zaigen wür dir in geheimen, wöllen auch hiemit ernstlich, wa jendert geschickht persohnen, die dem euangelio vnd gottes wort anhengig vnd zue gericht vnd rath zu geprauchen were, das du etlich derselbigen persohnen auch darzue fürnehmest, damit sie vndereinander ingemüschet vnd dardurch das euangelium dester fürderlicher erhalten werde, vssgeschlossen diejenigen so der sect dess widertauffs anhengig, oder für sich selbs damit verhafft oder belestigt weren, die wellest yberschreitten vnd darzue nit geprauchen. Dess wiss dich zu halten, verlassen wur vns. Actum vt in literis.

Copiae f. creditiwschreiben den in die closter zue inventieren abgeordneten gesandten ahn jedes orts apt vnd conuent, sampt beygelegten postscripto in einem absonderlichen zettel 1534.

Von gottes Gnaden Vlrich hertzog zu Württemberg vnd Teckh, graue zu Mümppelgart etc.

Vnsern günstigen gruess zuuor. Würdiger ersamen . lieben andechtigen vnd getrewen. Wür haben die nachbenandten vnsere liebe getrewen N. N. mit sonderm mundtlichen beuelch zue euch verordnet, sachen halb das gottshauss belangendt von vnsern wegen mit euch dissmahls demselben gemess zu handln. Daruf dan vnser gnedigs begehren auch beuelch, disen vnsern gesandten in vnserm nahmen zuuersichtliche gehorsamin vnsers vorhabens vngewaigert zu laisten, darzue vngezweifelten glauben für vnd für biss zue ende vnd volnziehung der sachen, in vrkundt diss brieflichen scheins zue geben vnd euch hierinn keines wegs anderst besonder wie bissanhero guet will erzaigen, auch befürden zu lassen. Das kommet vns zue gnedigem gefallen.

Geben in vnser stat zue Stuetgarten den 5. Novembris anno 1534.

Dem wirdigen . auch ersamen vnserm lieben andechtigen vnd getrewen herrn N. N. abte zue N. vnd conuent daselbsten sampt vnd sonders.

· Postscriptum.

Nachdem wür auch vernehmen, das in etlichen clöstern persohnen sein sollen, die herauss zu kommen vnd in ein andern stat sich zu begeben willens vnd auch etlich die dargegen eingenommen zue werden begehren, dieweil nuhn die lauff gantz geschwünd vnd seltzam, so ist vnser gnedigs begehren, ihr der prelat vnd die vom conuent wöllen sich in baiden obgenanten sachen endthalten, nicht darwider fürnemmen, sonder vnsers beuelchs, beschaidts vnd ordnung, so desshalb fürgenommen werden möcht erwartten, dessgleichen das ir mit verenderung oder verkhauffen ewer güeter oder früchten ohn vnser vorwissen vnd bewilligen nichts fürnemmen wöllen. Ahn dem allem beschicht vnser will vnd meinung, werden auch solches gegen euch mit. sondern gnaden erkennen.

Datum vt in literis.

Beilage 8.

1556. Merz 9. Adelberg. Bericht der Commiffäre an den Herzog betreffend Adelberg.

D. Gnediger herr! Was wir ietzund bei dem herrn prelatenn vnd dann dem conuent zu Adelberg von wegen anrichtung vnd erhalltung der christlichen closterordnung gehandlet vnnd lettstlichs verabschidet, des haben e. f. g. aus beiverwanten vnderzeichneten schriften nro. 1, 2, 3 vnd 4 gnediglich zu sehen. Darauf e. f. g. durch ire hierzu gefellige oder verordnete reth wol werden wyssen anschirrung vnnd versehung thon lassen, auf das die 12 im abschid bestimpte jungen sampt den 2 preceptoribus mit ehester gelegenhait alher verordnet werden. Vnd thund e. f. g. vns zu gnaden befelhen.

Datum Adelberg den 9. Martii 56.   Blieninger. Ber. Hormolt.

Zettula.

Gnediger herr, e. f. g sollen wir auch in vnderthenigkhait nit verhallten, das in vnser ankunft wir den prelaten gantz vnlustig vnd vnlittig diser closterordnung halben befunden, darneben in vnserm priuatgesprech vnnd sein selbst reden wol vermerken khunden, wie es mit den conuentualn ein gestallt haben würde vnd das sie beider seidts vor vnser ankunft irenn pact vnnd anschleg gemachtt ires kopfs zu pleiben vnd das auch der abtt inen conuentualn (laut seines selbsts in neben colloquiis beschehen verschnellens), vertrostung gethan, sie dannochtt mit sein pfarherrn im bapstum (deren er noch III hatt) auch in andern clöstern vnnd sonst mit hilf zu versehenn, deshalben dan auch der prior in seinen nebengesprechen angeregt als ob ir residuum zu hoch gestellt, dargegen der prelat für sich selbst auch auf gleiche mainung neben zu mermals berett vnd wie er denne e. g. nitt vil junge einnemen würde khunden, dabei sich vernemen lassen, alss ob sein prior ime auf 14 c. fl. ins closter geprachtt, als wolltt er sagen, es gehert dieselbige summa geldts dem prior zu geben noch zu. So hatt der prior in seinem mit vns gehapten gesprech auch gegen dise ordnung vnd warn cristlichen religion anfenglichs sich ettwas hartt erzeigtt vnd vnder anderm sich vernemen lassen, wie es nit vil redens bedurffte, wan er eben ietzund nit mit gegenwürtiger krankhait der grym vnd podagraus bettryssig, wollt er nit pleiben, sondern hinauss seins gefallens hinziehen, wie er vorn jarn bei e. f. g. herrn vatters lebzeiten in gleichem fall (da man nit vil daran gewunnen) auch gethan. Vnnd wiewol mir dargegen mit aller gietigen beschaidenhait bericht, information vnd exhortation fürnemlich gegen den hern prelaten die 2 teg gemeinlich vnd sonderlich variis multisque modis gebraucht vnd damit ine gestergis tags zu der in dem abschid verwilligten zulassung vnd conuentual freistellung gepracht, darauf ein abschidt vermeg der copei litera A sampt der in der misiu gemellten statutis, status preceptorum mit wyssen vnd gehellen des prelaten begryffen. Volgents als wir auch die 8 conuentualen, 3 priester vnd 5 profess, ein nach dem andern für vns beschikt vnd auf ir erste einhellige waigerung oder rund abschlahens, mitt grosem fleyss vnd nun zu vil glimpfiher beschaidenhait, nach lengs vndericht, zu lettst mit dem prelaten die moderation in der missiv nro. 1 gemellt bededingt, die er ime auch gefallen lassen, gesagt, mit sein convent dariber zu handlen, hernaher vns die verzeichnus nro. 2 geprachtt, auf welches wir nochmals mitt ime prelaten vnd dem elltesten cenventualn subpriorn gehandlet, dissen fürschlag fürnemlich der 5 profess halben vngebürlich vnd inen wider zu geben sein, dann ein mal sie lectiones hören, studiren, darzu halten die lateynische in der ordnung bestimpte kirchen geseng vnd lectiones, desgleichen die disciplin vnd gehorsame inhallt der statuten vnd ordnung zu hallten vor gott vnd der wellt schuldig derselbigen nit erlassen, vnd in dem allem gar mit kheiner neuwerung, sonderlich in der religion beschwert würden, mit anhang, obgleich er subprior sampt den andern 2 priestern die lectiones artium nit allwegen besuchen wollten, das sie dannocht die theologicam zu hern, darzu die kirchengesang vnd lectiones vnd preces zu verrichten helfen, darzu er subprior den chorum oder der andern einer (wie bissher) zu regiern schuldig. Doch wa er subprior nit zu kor gen, das er in solcher verhünderung allweg einem andern sein officium zu regiernn befelhen kenthe &c. vnnd darbei obgemellten abschid litera A ime prelaten vnd dem subprior widerum angezeigt vnnd im buchstaben vorgelesen, die inen nun denselbigen gefallen vnd mir darauf selbigen abents, beider seidts mit einander gessen, guter ding gewesen vnd vns gar kheines abfallens oder practicierens ferners versehen, darauf D. Jacobum von Geppingen berufen, die erst lection morgens zu thon vnd mitt abstellung der mettin zu 8 vrh mane, auch den 1. actum der kirchen zu hallten angesagt. Als wir aber heut morgens frie denselbigen ingrossierten abschid dem prelaten zugestellt wie der von ime vnd subprior abgehertt vnd adprobiert helfen zu vnderschreiben, hatt er prelat widerum das alltt erwischt zu vns gefallenn vnd rund gesagtt, er wöllte das nitt vnderschreiben, man solltt zuvor die conuentuales wider beschiken, sie hern vnd disen abschid vorlesenn vnd ob wir gleich ine darvon zu wenden vnderstanden, mit sonderm anhang, das solchs allein ime als dem herrn zu stiende, desgleichen sein ampt verkleynerlich vnd ander e. f. g. prelaten, Mulprun, Hirsauw, Bebenhausen vnd Herrnalb selbst sollichs nitt zugeben, vil weniger in dem auf den convent gar nitt sehenn oder daselbig auf den convent zu richten zulassen wellen, ist er doch auf sein begern stracks verharret mit anregung was ine in dem allem Bebenhaussen, Hirsauw, Maulprunn angieng darvon wir auch ine nitt bringen megen vnd sich hieüber also verharrlich mit ernst gestellt, das wir ime wider nachsetzen in sein gegenwürtigkhait solch abschid seinenn mit ime gebrächtenn 8 conventualn verlessen miessen, darein er abtt selbst im verlesenn vor den conventualn des abwesenden priors halb gleich im anfang gerett e contra wir ita esse veritatem et coram nobis hactenus confirmiert vnd volgents in verherung desselbigen abschidts der subprior mit allen conventualn gentzlich wider abgefallen, in abschid nitt mer verwilligen darzu weder die lectiones noch die kirche zu besuchen, in einchen weg annemenn oder verbunden sein wellen, vnd ob wir gleich dargegen das vnser gerett, sie nochmals ermant, vnd ir vnbestendickhait auch vorgende begebung oder gefallen fürgeworfen seind sie doch alle keybig, streitig vnd halsterrig auf ir maynung entlich vnd drutzlich mit ein ander darauf verharret.

Also haben wir widerum an abt gesezt, vnd vns diser schimpflichen vnbestendickhait vnnd angeschikter practic oder conspiration hoch beschwert, volgents mitt begreyffung des anderun in der missuv gemellten abschidts nro. 3 an ine erfordert, sampt den ime hivor auch gefelligen statutis vnd preceptors status nro. 4 zu vnderschreiben, welches er lettstlichs gethan vnd darbei deutsch gesagt, es seie ime dise ordnung gar zu wider, thie es nit gern, geschehe mit seinem willen nitt, miesste es leyden gott befelhen. Er abt hatt auch neben zu von seiner aygnen habenden jurisdition vnd freyhaiten vnd das e. f. g. gegen ime vnd seinem convent in spiritualibus nichts aufzulegen, desgleichen vom abschid, das derselbig ir prelaten halb solchs nit zugebe vnd ime in craft desselbigen sein religion vorbehalten. Item da er noch junge were, den nechsten aus dem closter weg ziehen vnd nit pleiben wöllte sampt andernn allerhand reden gepraucht. Item zulettst mermals fürgeschlagen, in seines closters kirchen ime die mess nit zu hindern, sondern zugestatten, des wir nit verwilligen wellen noch khunden. Aus welchem allem e. f. g. iren selbst von gott dem hern begapten verstand leuchttlich zu versten, das mitt sonderm von inen münchen allen jungen vnd allten vorgehaptem rath, conspiration oder zusamenstupfen also angeschikt darhinder bei inen gefasster anschlag gestecktt sein in masen dan auch der prelat, erst nach der zu Stutgarten entpfangenen ordnung ein preceptor von Dillingen aus ins closter, der in artibus vnd theologia den münchen lysst angenommen. Zudem er prelat darvor ane bedacht in e. f. g. namen beschehen zuschreibens oder inhibition, die halsssterrige conventual profess thon, zu subdiacon vnd diacon ordnen lassen.

Derhalben per consequens wir vns dyses zu Adelberg verharrten keibs halben anders nit zu versehen, wan das die kunttschaft hinc inde per restantes adhuc monachos gewyss gemachtt et in simili idem vns allethalben begegnen, derhalben vnsers besorgens, wir ferners nichtt fruchttbarlichs merers verrichten wirdenn.

Actum ut in literis den 9. Martii 56.

Papierconcept.

Beilage 9.
Erklärung des Abtes Ludwig Werner v. J. u. O.

Ich hab als ain freye manumittierte person meiner ordenlichen oberkait gelobt vnd geschworen meines ordens statuten ze halten, auch junge zu solchem vffziehen vnd instituieren, damit den stifftern geschehe was inen verhayssen ist.

Dieweyl aber mein gnädiger furst vnd herr ain andere ordnung in meinem clauster wil anrichten muss ich gedulden.

So aber ir furstlich gnad in der confirmation des freywen zugs zugibt, das die prelaten diss fürstenthumbs weltlicher oberkait kainswegs vnderworfen sien. Desshalben ir f. g. mich mit sampt zwaien ältisten meines convents wil gnediglich frey lassen vnd mit ir furstlichen ordinacion nit beschweren, damit ich nit bederffe glübtlos noch mainaidig werden.

So ist desshalben an ir f. g. mein gantz vndertanig pyt mir vnd denselbigen zwaien gnadiglich zu lassen, daz wir in aller stille vnser christenliche ceremonien mögen fir vnss selber halten durch das ampt der hailigen meess darzu wir geordnet sien.

Die anderen conventuales jung vnd alt hab ich dahin gebracht vnd persuadiert, daz ain yeder wil ain zyt lang sollicher nuwer ordinacion zu sehen, doch in alweg deren zu geleben onverbunden, auch macht haben darvon zu gend, welcher zyt ime sollichs wil gelegen sein nach vermög des fryen zugs.

Beilage 10.
1536. Januar 7. v. O. **Erklärung des Convents zu Blaubeuren.**

Wir prior vnd conuent dess gothus Blauburen bekennen offenlich mit disem brieff, nachdem die gesanten dess durchleichtigen hochgebornen fürten vnd herren herr Vlrichs hertzogen zu Wirtenberg etc. werbung an vnss gethon vnss abzefertigen gen Mulbrun oder ain pension ze geben yedoch mit angehenckter verzeihung vnsers closters vnd aller gerechtikaiten vnd anspruch so wir darzu haben vnd aber wir sollichs nitt haben angenummen noch wellen anemmen dan in mass vnd gestalt wie hernach eroffnet wirdt vnd dess halben ettlichen aussgebotten worden den anderen zu gelassen zu pleiben biss auff weiter beschaid. Ee dan wir nun von ain ander geschaiden sind haben wir mitt wolbedachtem mut vnd vorgehaltner ratschlagung vss briederlicher liebe zu nutz ynd wolfart vnss vnd vnserm gotzhus weiter veraint vnd in kunfftig zu halten verbunden zu gesagt vnd verpflicht wie hernach volget: Zum ersten dieweil wir vnss vormalss mittainander haben veraint vnd beschlossen ob wir miessten ain pension niemmen oder sunst vngnad dess fürsten vnd gross schadens wärtig sin wie die gesanten zu verston geben, wolten wir doch sollichs nitt lenger bewilgen och der pension halb nitt lenger vnss vnser pfrund vnd gotzhus verzeihen dan biss auff ain künfftiss gemain cristenlich consilium oder des reichs reformacion vnd aber sollichs nitt ist angenummen worden, versprechen wir vnd sagen ain ander zu bey guter trüw furohin vnd in kunfftig vnss nitt anderss wellen einlassen noch begeben dan wie vor gemelt ist, och vnss in sollicher sach nitt anderss vnd weiter verschriben dan wie inhalt vnd lut die copey ainer verschreibung dan ze mal von vnss gestelt die hernach wirt von wort zu wort geschriben. Zum anderen seitmal och die gesanten sich vilfältig haben geflissen vnd geyebt vnss von ainander ze trennen vnd wir dessglichen ainander vilfältig vertröst vnd getröst nichtz on ainander in solcher sach handlen wellen. Damitt nun sollich furniemmen vnd argliist der gesanten nitt fürgang hab zu nachtail deryenigen, die yezund in das ellend werden getriben, versprechen wir vnd sagen ainander zu wie vor, das wir furohin wie bissher vngetrent von ainander wellen sein vnd wir die diss mal bleiben in vnserm closter furohin die pension so wir in ettlich mass vnd gestalt bewilliget haben, das ist biss auff ain kunfftig consilium oder reformacion dess reichs wie obstat nitt wellen aniemmen, dan in sollicher gestalt das man sy och gebe den anderen aussgetribnen die vormalss bey vnss bestendig sind bliben mitt vnss brüderlich vnd getrüwlich gehandlet vnd mitt vnss haben sollichs alles geratschlaget vnd beschlossen vnd damitt niemants werd in der sach verkurtzt oder sunst zu nuchtail ainchem raich, sollen vnd wollen wir vor kain brieff oder verschribung übergeben, biss den vertribnen zeitlich vor. verkunt darzu och ze kummen, ob sy anderst wolten sollichs aniemen vnd wie ander der pension beniegig gemacht werden. Dieweil aber vor in der handlung die summ der pension nitt ist bestimpt worden dan allain das wir nitt fiertzig guldin wolten niemmen wie angeboten ward, sunder mer haben so sollen hie heruff die bliben im closter gewalt haben wa ess darzu keme die summ zu bestimmen yedoch das sollich summ gelts nitt sey vnder fünfftzig guldin. Zum dritten dieweil nach abschaid deryenigen so vssgebotten ist der klainest tail des conuents anhaimsch sein wirt, versprechen wir furohin in abwesen der anderen welche den grösten tail dess conuentz machen das closter vnd sein ligend gieter vnd gerechtigkeit nitt zu verkoffen versetzen verenderen nitt zeins oder leibding darvff ze niemmen och nitt in anderer gestalt wie sy mögen genannt werden zu vertieffen vnd weiter zu bekummeren vnd verschriben ob och vnser oberkait sich sollichs vnderstiend vnd gwaltigklich thun wurde, wellen wir kain verwilgung darzu geben, auch nitt sunst in namen ains gemainen conuents handlen on der vertribnen vnd abwesenden wissen vnd willen dan wa sollichs beschehen wurde das gott nitt welle soll ess krafftloss vnd nichtzig sein sollich obgeschriben artickel sollen vnd wellen wir trüwlich vnd ongefarlich halten vnd dess zu warem vrkund hat vnser yetlicher mitt siner aigne hand disen brieff vnderschriben vnd die nitt künden schriben ander darzu erbetten.

Der geben ist auff den sybenden tag januarii dess jars alss man zalt nach der geburt christi vnsers lieben herren tausent fünffhundert vnd dreyssig sechs jar.

Copey der verschribung vorgemelt.

.Ich N. bekenn vnd thun kund offenlich mitt disem brieff, nachdem durch schickung dess almechtigen der durchleichtig hochgeborn furst vnd herr herr Vlrich hertzog zu Wirtenperg vnd zu Teck, grafe zu Mumpelgart &c. min gnädiger furst vnd herr diss siner f. g. furstentumb widerum erobert, vnd aber volgends ain gemain ordnung vnd befelch der closter vnd ordens lut die mir och zu handen verkündt zu halten dermassen fürgenommen hat also das sin f. g. yemants weiter dan so vil der gaist gnad gibt darzuhalten vnd zwingen besunder aines yeden gewissen darinnen frey lassen wölle vnd ob aber ich der massen vnd so vil noch nitt bedächt vnd verfasst bin solliche ordnung anzeniemmen vnd zur zeit zu erhalten. Demnach hochgedachten minen g. f. vnd herren zu vndertäniger gehorsam vnd sunderen gefallen ich zu nutz vnd wolfart angeregts furstentumbs begib ich mich hiemitt vnd in krafft diss brieffs also das gedachter min g. f. vnd herr mir für min pfründ zu miner vnderhaltung von vnd in demselben closter Blauhuren järlich vnd ains yetlichen jars alain vnd besunder alwegen vff N. tag one mengklicgs irrung vnd intrag gar vnd gentzlich one allen minen kosten vnd schaden zu geben vnd zu antwürten nemlich N. guldin in mintz welch ich nachfolgender mainung vnd sunderlich in oder ausserhalbe dess fürstentumbs Würtenberg miner gelegenhait vnd noturfft nach zu bewenden vnd zu verzeren soll vnd mag one eintrag mengklichs dergestalt vnd also das ich mich sollicher yetzgethoner bewilligung verer oder lenger nitt biss auff ain gemain concilium oder reformacion dess reichs alss wa darinnen ain ordnung mitt den closter vnd ordens lüten furgenummen vnd gemacht wurd bewilgt vnd zugesagt haben will in hoffnung vnd tröstlicher zuversicht das ess derselben zeit sinen f. g. zu nutz vnd furstand raichen zu dem ob ich och mittler zeit ains anderen vnd besseren besint oder durch gnad dess gaists anderst erlücht .würd, darab dan sein f. g. ain gnadigs beniegen haben vnd empfahen wurd. Demnach so gered vnd versprich ich·hie mitt vnd in krafft diss brieffs dess halben die zeit anhoch gedacht sin f. g. noch och an gedacht closter Blaubüren nitt weiter forderung vnd ansprach ze haben ·noch ze suchen in kainen weg alles ongefarlich. Dess zu warem vrkund hab ich disen brieff mit miner aignen hand vnderschriben vnd darzu mit fleyss erbetten den edlen vnd festen N. von N. das er sin aigen insigel gehenckt hat an disen· brieff doch im vnd sinen erben in allweg onschaden der geben ist.

Auf dem Rüden der Urkunde:

Copey wie wir vns zusamen versprochen haben als ain gemain conuent nichtz on ainander anzeniemen dan wie hieherinn gemeldet wirt.

Anno 1536 den 7. Januarii.

Beilage 11.

Circa 1535. **Ulrich, Abt zu Alpirsbach, an Ulrich, Herzog von Württemberg.**

Durchluchtiger hochgeborner furst gnediger her, v. f. g. syen min ganz vnderthenig gutwillig vnd gehorsam dienste, ouch teglichs gebete zu got dem allmechtigen allzyt zuuor.

Gnediger Furst vnd her, v. f. g. gerüche diss min volgend anligen vnd beschwernus miner conscienz gnediglichen vnd vmb gotes willen zu uernemmen. Erstlichs sind mir hieuor zwen praedicanten nemlich ain pfäfflin von Ambrosien Plarern vnd volgends ain walch als ich vff v. f. g. beschryben vff dem lantag zu Tuwingen vnd Stutgarten gewesen zugeschickt, welcher walch miner

Beilagen.

ankünfft nit erwartett, sonder selbsten hinwegkh gezogen vnd als der ander von v. f. g. nit befelhe gehebt, hab ich ine vsser nachgeenden vrsachen vnd inn höchster warhait v. f. g. zu kainer vngehorsami oder zewider mit gutem titel vnd bericht widerumb abgewisen der vndertbenigen zuversicht vnd hoffnung v. f. g. sollte mich vnd min arm gotzhüse derenhalben wyther nit beladen haben, dann ich (one rum) min leben lang vnd sonderlich syther der verwaltung miner prälatur wider got vnsern haylandt vnd seligmachern, ouch sin götlichs wort mit nichten lesen oder predigen lassen hab, sonder ainen vffrechten lyplichen aide vff das hailig euangelium vnd war wort gotes geschworn, ouch das hochwürdig sacrament, wie das von sin gütlichen gnaden vffgesetzt worden, darüber empfangen, was zuforderst die cristenlich kirch vnd gemaine concilia bissher gehalten vnd vffgesezt haben, dessglychen die stifftungen vsswysen, daby vngemindert zu plyben vnd dasselbig also zu hanthaben, dem ich dann in vermüg yezberürter miner vilfeltigen gethenen pflichten also gern nachkomen vnd wo muglich furohin gern thun wöllte.
Aber sytmal v. f. g. hieruff wider vnd ainen andern praedicanten jungsten alher mit befelh abgefertigt vnd ich nit anhaimsch sonder in mergklichen des gotzhuses obligenden herbstgeschefften im Prysgow gewesen vnd mit grossem costen, müe vnd arbait den win zum merertail vber ruck herüsser vertigen müssen, hat er miner ankunfft noch schrifftlichen antwurt nit erwarten wöllen, des mich dann nit wenig beschwert in ansehung das v. f. g. villycht mir sollichs zü vngehorsami vnd vng naden, des ich doch vsser erzelter not vnd herbstz geschefften kains wegs verhoff, ermessen möchte. Dwyl ich nu wie oben gehört dermassen zu got gelobt vnd geschworn hab, die stifftungen zu hallten vnd wes die gemain cristenliche kirch vnd concilia offgesezt dem also zwgeleben, darzu der allten stifftherren nachkommen vnd erben mich by denselben minen pflichten vff das höchst ermant vnd mir geschriben vnd ernstlichen begert zügedenken, was ire eltern gestifft vnd fundiert demselben stracks nachzükommen, wie dann v. f. g., wo es deren nit verdrusslich hieby gnediglichen zu uernehmen haben. Daneben ist das gotshuss von Rö. Kay. Mt. vilfeltig priuilegiert vnd gefryget ouch daruff von Irer Mt. off jungsten rychstag zü Augsburg widerumb von nuwem gnedigst confirmiert vnd bestetigt worden, desshalben mich min conscienz vnnd gewissin ye beschwören will, wa ich also ain andere religion annemmen sollte. Demnach in bedenckung oberzelter miner pflicht die ich für mich selbs mit nichten wais zu endern an v. f. g. min gar vnderthenig bit vnd luter vmb gotes willen, sie wöllen vnser fürstlichen miltigkait vnd gütin mich solher predicanten diser zyten gnediglichen vberheben vnd mich ouch mins gozhuses verwanten wie bisher by allten gepflegten cristenlicher kirchensazungen vnd den confirmierten priuilegien als schirmherr gnediglichen plyben lassen. So will ich als der on rüm die geschrifft vnd wort gotes vss sinen verluhnen gnaden ouch versteet darob halten vnd sin, das fure wie bissher wider gotes wort vnd befelh nichzit gepredigt oder gelert werden solle. Wa aber v. f. g. sollichs zü geschehen ye nit gemaint sin wöllte, bit v. f. g. ich, abermals vnderthenigst vnd lüter vmb gotes willen, sie wöllen mich doch also sampt minem conuente biss zü ainem kunfftigen concilium oder andern endrungen der stenden des hailigen rychs by den allten cristenlichen sazungen gnediglichen belyben lassen. Was dann dieselbigen mit reformierung ainer andern religion furnemmen vnd beschliessen, dem bin ich erbutig abermals der gepur nach volg zü thün, dann ich mine ayden vnd pflichten got dem herren vnd der wellte gethonn ye zü rück nit legen oder die in vergessen stellen kann. Vnd so aber das also von mir beschehen sollt, des ich zü got vnd v. f. g. nit hoff, mich dauon zü trengen, zü was nachtail

schimpff vnd spot mir dasselbig by meniglichem an verlezung vnd antastung miner eeren kommen wurde, hat v. f. g. gnediglich züuersteen, desshalben ich vnderthenigster hoffnung bin, v. f. g. werde mich in betrachtung oberzelter miner pflicht vnd conscienz mit nuwen sazungen nit beschweren noch mich von denselben nit trengen, sonder vsser fürstlichen miltigkait als schirmherr mich daby gnediglichen schirmen vnd hanthaben. Das will vmb dieselb v. f. g. ich mit darstreckung allen min vnd des gozhuses vermögen in aller vnderthenigkait vnd minem teglichen gebete gegen got vnd susten gehorsamlich verdienen, gnediger antwurt vmb goz willen bitende.

V. f. G.

vndertheniger vnd demütiger caplon, ouch schirmsverwanter
Vlrich abbte zü Alpirspach.

Ann herzog Vlrichen zü Würtemberg &c. Supplication des prelaten Vlrichs zü Alpirspach, ine bey seiner alten religion bleiben zü lassen vnd mit den predicanten nit zu belestigen &c. Mit vberschickung der stifftherrn nachkommen vnd erben schreiben vnd ermanung bei solcher stifftung allerdings zu pleiben.

credo ao. 1535.

Beilage 12.

1555. April 19. **Alpirsbach.** **Breuning, Prior, an Johannes, Abt zu Sanct Georgen.**

Erwirdiger gnediger her. Eweren gnaden sey min gehorsame sampt mine gepett zu gott allzit beuor. Gnediger her. Es haben die commissarien vnd ich die brieff so E. g. vns by Clementzen zu geschickt hat off. den 9. apprilis entpfangen vnd von stünd an mitwochs den 10. apprilis das schriben an fürsten gehörig sampt anderen briefen so die commissarien von minet wegen an die fürstlichen rätht gestellt, bemelten botten gen Stutgarten abgefertigt. Ich hab ouch inen zu vor die püncten vnd vrsachen die mir E. g. zügeschriben hat ouch ander vrsachen mer mündtlich anzaigt vnd sy gebetten das sy sollich mine beschwärden vnd vrsachen in iren brieff an die rätht inseriren vnd sy von minet bitten mich sollicher sorglicher bürdi vnd lasts gnedicklich zü erlassen. Das haben sy nun gethon: Am ostertag ze nacht ist der bott widerum khumen vnd wythern beuelch bracht, das sy sollen haim riten vnd solle ich da pliben sampt dem gaistlichen verwalter von Sültz, sollen wol huss halten vnd ain trüwlich offsehen haben off alle hüsshaltung vnd so vns etwas schwärlich aachen fürfallen alweg in die cantzly hinab berichten vnd so es also not thete, sollen wir schirm vnd hilff zu Hornberg vnd Dornstätten suochen. Also haben vns die commissarien feria secunda pasce allen gwaftz beuolhen biss vff wytheren beschaid oder des praelaten in khümen. Also sind die commissarien feria secunda pasce verritten. Aber vor dem am donstag den 11. apprilis do kham noch einer von Stutgart maister Caspar Wildt genant. Der selbig bracht ouch ain beuelch mit im vnd ain instruccion darin repetiert er alle ding vor mir vnd conuent was die commissarien sollen mit dem praelaten vnd schaffnern gehandelt haben vnd wyther, das sy solten ain inquisicion über dess schaffners thun vnd lassen halten vnd solliche inquisicion solte durch vogt vnd gericht zü Alperspach geschehen, ouch by anderen personen so sines thüns vnd lassens wissen hetten. Das alles ist geschehen vff den karfritag den gantzen tag. Was aber die fragstück seyen gesin wer ze lang ze schriben sünder wann ich Georii zü E. g. khüm mündlich anzaigen, mag mir so vil zit werden. Volgens sagt maister Caspar Wild, er hette beuelch, das die conuentualen zü Alperspach solten dem praelaten schriben vnd inen widerum in das closter ze khumen requirieren vnd bitten das er widerum zū siner administracion kheme dan er bedörffte sich kainer vngnad gegen dem fürstlichen entsitzen, die commissarien ouch nit, dan sy hetten khain beuelch etwas mit dem praelaten fürzenemen vnd ain gwalt an inen ze legen dan alain rechnung von im anzehören. Also haben im die conuentualen geschriben. Da hat er praelat inen by seinem ritknecht mündtlich lassen sagen, er hab vermaint er solte sy requirieren vnd inen mandieren so wellen sy ime requirieren vnd mandieren. Volgends da haben sy ime wider zway mal vff die erste mainung geschriben vnd gebetten widerum in das closter ze khūmen. Da hat er inen aber mündlich lassen sagen: sy sollen im die artikel in welchen artickel sy inen verclagt sollen haben zū schicken. Er werd sy dess schaffners nit annemmen, so welle er geschrifftlich antwurt geben. Also hat er inen ain zedel geschickt darin sein antwurt geben wie diser ingelegt zedel lut. Vff das hat maister Caspar vnd wir mit ainander dess praelaten antwurt hinab in cantzly berichtet wie dan vns vorhin beuolhen ist worden. Also ist der frītags den 19 apprilis hinab. By disem botten hab ich ouch hinab widerum suppliciert an fürsten, mich sollicher verwaltung gnediclich zu erlassen. Nit waiss ich wie es gen wil. Es ist ain ellend ding in dem closter, kain ordnung, ist ain iedes maister. So ist die religion ganz darnider gelegen. Es sind warlich ellend vnzogen vnschamhafft schantlich münch. Da ist kain metti, selten ain mess, haben nit mer dann ain ampt gesungen die wil ich da bin gesin. Sy betten vnd singen kaine horas, man lūt alain. In summa der tüfel solt da sin. Derselbig hat mich auch mit dem dollen Alperspach beschissen. Es ist ain frettery vff die ander, kan schier kaine der anderen entwichen, waist schier nieman wie man den sachen thun sol, auch die räht. Darvmb gnediger her ist mir angst by denen ellenden sachen, waiss nit wie im zuletsten ze thun sin wirt. Ich hette E. G. noch vil ze schriben, ist aber nit ze thuon. Sollichs hab ich E. G. vff kürtzest anzaigt, vff dat E. G. auch vmb die handlungen wissens hab. Hiemit sey E. G. got dem heren allzit beuolen.

Datum Alperspach den 19. apprilis anno 55.

E. G.

gehorsamer
Fr. Joachimus Bruning prior S. Jörgen.

Abreſſe:
Dem erwirdigen vnd gaistlichen hern her Johansen apte dess wirdigen gotzhüss zuo sant Jörgen minem gnedigen lieben herrn.

Orig. Pap. mit aufgedrüdtem Papierſiegel.

Beilage 13.

Im Folgenden gebe ich den ganzen Bericht der St. Georgener Jahrbücher zum Jahr 1535.

St. Georger Jahrbücher. X. Band ab anno 1501—1550. Handſchrift Nr. 419., im General-Landesarchiv in Karlsruhe. Anno Dni 1535. A. fundat. mon. 453.

1. Stuttgart 4. Merz. Abt Johannes wird von Herzog Ulrich zu einem auf Montag nach Laetare zu haltenden Landtag beſchrieben laut originalis.
2. Winn. 10. Dezember. Originalſchreiben Ferdinandi I^{mi} Röm. Königs an die Stadt Villingen, worin er barthut, wie unbilliger Weis ihm angedichtet werde, als wenn Herzog Ulrich die Veränderung mit den Klöſtern in ſeinem Fürſtenthum mit ſeinem des

Königs Wissen und Willen fürgenommen hätte; befiehlt auch denen von Billingen, sie sollen den St. Georgener Hof den Württembergern nicht einräumen. Sammt Copia.

3. St. Georgen. 17. Juni. Abt Johannes stellt dem Herzog Ulrich die Unvermögenheit vor, über das jährliche halbe Einkommen annoch zu den den Prälaten auferlegten 20 000 fl. etwas zu geben. Es erhellet auch daraus, daß die Einkünfte damals nicht groß gewesen und in dem Kloster 20 Religiosi kümmerlich erhalten worden. Orig.

4. Stuttgart. 18. Juni. Von Herzog Ulrich wird Abt Johanni der Befehl zugeschickt, bis Ulrici den halben Theil seines Einkommens, nebst seinem gebührenden Antheil an den 20 000 fl., nemlich 650 fl., einzusenden. Orig. o. Sgl. Worauf dann Abt Johannes auf des Klosters Güter ein Hauptgut aufgenommen, wie es der Herzog selbst in obigem Schreiben erlaubt.

5. Stuttgart. 2. Januar. Herzog Ulrich schreibt Abte Johanni, er soll die alte Pfarrherrn hinwegthun und evangelische Prädikanten statt deren einsetzen sub specie boni. Originale cum copia.

6. Stuttgart. 29. Januar. Herzog Ulrich will, Abt Johannes solle den Diakonum und Leser, welche ihm von Ambrosio Blaurer werden zugeschickt werden, annehmen, zu St. Georgen auch dem Convent predigen und lesen lassen, selbe unterhalten. Orig.

7. Stuttgart. 18. Februar. Herzog Ulrich erlaubt Abte Johanni, Wein und Früchte zu verkaufen, das erlöste Geld aber solle er beisammen behalten. Orig.

8. Tübingen. 22. Februar. Ambrosius Blaurer schicket Abte Johanni einen Prediger zu, laut obigem sub n° 6, will auch in Kurzem den Leser nachschicken. Orig.

9. Ulm. 3. April. Hans Spreter schreibt Abte Johanni weitläufig: er wolle aus Dankbarkeit gen St. Georgen kommen: in angelum lucis se transformat, et virus pestilens evomit. Er meldet auch von einer Concordie des Sakraments halb zwischen den Lutherischen und Zwinglischen, item von einem Convent großer Fürsten (quos nominat) zu Wien; wie auch, daß der Bischof von Münster die Einfalt Gotteswort nit habe wollen annehmen. Orig. Außen stehet notirt, dies sei der erste gen St. Georgen verordnete Predikant, der 5 Wochen allda gewesen, aber nicht auf die Kanzel gekommen. Epistola vere haeretica.

10. d. 4. Juni. Inventirung des in St. Georgen wenigen Silbergeschirrs, auch in genere der vielen Privilegien, im Beisein Jos Münch, Obervogts am Schwarzwald, und der junge Rinkner, Untervogt zu Hornberg, sammt einem Schlüssel dabei, so per fas et nefas facto weggenommen, in triplo beisammen. Originalia.

11. St. Georgen 17. Juni. Abt Johannes bittet Herzog Ulrich, er möchte ihn der Prädikanten erlassen, inibi etiam: St. Geörg Kloster sei dem heiligen römischen Reich zugehörig, darum ein Prälat von St. Geörg auf alle Reichstäg zu erscheinen gemahnt wurde. Es liege auch an Einer Gränze außerhalb Württemberg an neun anstoßende Herrschaften. Conceptschreiben.

12. d. 4. Juli. Gut lutherische Klausterordnung im Fürstenthum Württemberg ausgegangen, wobei zugleich die Instruktion für die Verordnete, so die Kloster-Güter inventiren sollen, mit der auch Jos Münch et ceteri plures den 9. November 1534 zu Alpirsbach angelangt.

13. d. 8. August. Abt Johannes überschickt ein Vidimus einer Verschreibung für 500 fl. mit Bitte, ihm einen Willebrief zu geben. Er gibt den Unterricht der Vogtei halb zu Ingolbingen, wie selbe a. 1519 auf 60 Jahre lang in Schutz des Truchsessen gekommen, schickt auch die Verzeichniß der Ungehorsamen aus der Kürnach, die sich sperren die bewilligte Hilf und Steuer zu geben. Originalia.

14. Stuttgart. 6. August. Herzog Ulrich will, man soll im Beisein Jos München

Beilagen. 259

mit den Unterthanen, die sich wegen der Anlag beschweret, Unterhandlung pflegen, derhalben Abt Johannes gegen sie Nichts solle fürnehmen. Dies scheint der Anfang zu sein der Bestätigung des Vertrags und Württemberg hängt die Bauern an sich. Copia et originalia.

15. d. ante Matthaei. Jos Münch berichtet Abte Johanni, er habe mit ihm zu handeln, möchte daher nach Hornberg kommen. Orig.

16. Urspringen post Michaëlis. Jodotus, Prior zu Urspring, antwortet Abte Johanni, er könne Krankheits halber nicht kommen, seine Gewalt aber überlasse er ihm Abte und Convent zu handeln, wie sie meinen, daß es besser; er aber wolle lieber keine Pension, als daß er sich verschreiben sollte, er habe geirrt der Religion halb; weil auch Ihre Königl. und Kaiserlichen Majestäten etwas interessirt, so könne das Gotteshaus sich in Nichts einlassen ohne Wissen gedachter Majestäten. Zu Blaubeuren habe man die Kelche eingeschlossen. Orig.

17. St. Johann. fer. post Michaëlis. Nikolaus olim abbas, tunc vero confessarius et prior ad St. Johannem, gibt Abte Johanni zur Antwort, wie sehr er erschrocken wegen dem Anmuthen Herzog Ulrichs, einen lütherischen Prädikanten anzunehmen. Er hoffe, der Muthwille werde in die Länge keinen Bestand haben: sein Rath sei, man solle deßwegen thun, was andere Prälaten des Landes, und wo es nit anders sein kann, sich wie andere Geistliche pensioniren lassen, sie sollen bei einander bleiben, satanas enim tentavit vos, ut cribraret sicut triticum. Orig.

18. Stuttgart. 12. Oktober. Nachdem Abt Johannes dem Obervogt am Schwarzwald geschrieben, er möchte persönlich den Herzog etlicher Sachen halber besuchen, schreibt Herzog Ulrich dem Abt mit dem Befehl, er solle gemäß seines ersten Mandats den verordneten Prädikanten zulassen und unterhalten, habe er hernach sonst Etwas, ihn zu besuchen, wolle er ihn gnädiglich zulassen. Orig.

19. Tübingen. 13. Oktober. Ambrosius Blaurer schickt sammt einem Missive vom Herzog Abten Johanni den zweiten Prediger, den er indessen pflegen solle und anhören, bis er einen andern schicke. Dieser Blaurer muß vorher ein Münch zu Alpirsbach gewesen sein, weil eine nota auf dem Originalbrief des Inhalts: o damnata bestia, olim coelo designata, inter religiosos Alpersbachenses si stare voluisses.

20. Circa festum S. S. Simonis et Judae. Supplikationskopia an Herzog, das Kloster St. Geörg bei seiner Stiftung, Schirm und Religion bis auf ein künftig Consilium bleiben zu lassen, mit dem Beweis, warum die Geistlichen darin weder einen Prädikanten annehmen noch sich pensioniren können lassen ꝛc. ꝛc. ut in primo libello supra sub. no. 11. Hunc supplicem libellum secundum abbas Joannes duci Udalrico ipse met obtulit, uti notatur.

21. Ensisheim. 6. November. Die Regierung zu Ensisheim gibt denen von Billingen zur Antwort, sie habe die Sache, daß Zinstag nach Galli nechst verschienen ein Prädikant nach St. Geörg geschickt worden, an die innere Regierung zu Innsbruck gelangen lassen, von wannen sie dann weiteres erwarten sollen, wie sie sich zu verhalten, indessen aber Fürsehung thun, daß durch die verführerischen Prädikanten oder Württemberger nichts von der neuen verdammten Sekte bei ihnen einwurzle, item geschieht Meldung wegen der Entleibung des Rotblezen. Orig.

22. fer. 6 post Martini. Jos Münch beschreibt Abt Johannem, daß er mit dem Abt von Alpersbach zum Herzog reiten solle, wo mehreres mit ihm gehandelt soll werden. Orig.

23. Sabbato post Martini et sequentibus. Ein Zettel, worauf zerschiedene Rede von Jos München zu lesen, geschrieben, wohingegen Abt Johannes und der Convent

17*

beständig beharret: er wolle sich weder pensioniren noch nach Maulbronn oder anderswohin verziehen, noch verschreiben oder sonst eine Aenderung zulassen.

24. Ensisheim, 15. November. Die Regierung von Ensisheim gibt in der zweiten Antwort an Villingen zu verstehen, wie fälschlich Jos Münch vorgebe von dem Gedenken und Religion Seiner Königl. Maj., quod patet etiam ex scheda superiori sub no. 23, welches sie besswegen an Königl. Maj. gelangen lasse, confortat die Villinganos in vera fide. Orig. Responsum Ferdinandi vide supra no. 2.

25. Alpersbach post Andreae. Wendel Zipper, Amtmann zu Alpersbach überschickt Abt Johanni auf sein Begehren copias, wie sich der Abt sowohl als die Klostergeistlichen, wider ihre gethanen Gelübde verschreiben sollen. Sie seind von Württemberg selbst aufgesetzt, gut letherisch, standalos und müsse gleichwohl der Unchriste von Alpirsbach sich auf solche Art verschrieben haben und (Alpersbach post Galli) eine Supplication um die 40 Gulden — warum nicht um 30 Silberling — dem Herzog hingegeben. Orig. mit copiis cit. Die Copien seind post Galli et Martini datirt.

26. St. Georgen. 6. Dezember. — Der Convent zu St. Geörg gibt dreien seiner Mitglieder, nemlich Abt Johanni, auch Johann Heggelbach, Prior zu Rippoldsau und Friedrich Kaiser, Pfarrherr zu Furtwangen den Gewalt, in aller Namen wider alle Eingriffe des Herzogs in der Religion, in ihre Einkünfte u. s. w. zu appelliren, zu protestiren, Instrumente dagegen verfertigen zu lassen u. s. w. wie es nöthig sein möchte u. s. w. weitläufig, mit vielem Eifer und Auferbauung; repetirt auch darinnen, das Gotteshaus sei dem hl. röm. Reich gehörig.

27. St. Georgen. 13. Dezember. Abt Johannes, der wegen einem Sturz mit dem Pferd persönlich zu dem Herzog nicht hatte kommen können, beruft sich in einem Schreiben an Herzog auf ein allgemeines Concilium, bittet ihn und seinen Convent bei der alten Religion bleiben zu lassen; er nennet sich einen Reichsprälaten, der dem heiligen Reich eine ordentliche Contribution schuldig sei. Sein Convent bestehe schon zu den 800 Jahren u. s. w. Orig. Ist beherzt, eifrig, auferbaulich.

28. post Luciae. Jos Münch schreibet nomine ducis an Abt Johannsen, er solle allen Wein, Früchte u. s. w. von Rottweil wieder gen St. Geörgen — laut seiner gegebenen Verschreibung und Zusag — führen lassen, offerirt sich anbei hic vulpis (sic) Original.

29. Stuttgart. 16. September. Herzog Ulrichs abermaliger Befehl an Abt Johannes, er solle, weil er den ersten Prädikanten nit angenommen, jetzt jenen annehmen, welchen ihm Jos Münch werde zuschicken. Auf dieses Schreiben referirt sich glaublich das obige sub no. 18. Orig.

30. feria. 4. post Luciae. Jemand, glaublich von Villingen, fragt sich bei Abt Johanni an, ob es dem also sei, dass einige vom Abel den Herzog angreifen wöllen, und einige Städte des alten Bunds, so im neuen auch seind, abgesagt haben. Orig.

31. Rottweil. feria 5. post Luciae. Abt Johannes gibt Jos Münche die Ursach, warum er nach Rottweil Wein u. s. w. führen lasse, weil er Krankheit halber nit furtkommen könne. responsio ad no. 28 supra. Das Pferd mit dem er gestürzt, ist von dem Graf Wilhelm gewest.

32. St. Georgen. sabbato post Luciae. Ludwig Rinkner der Abt berichtet Abte Johanni nach Rottweil, dass ein Büchsenmeister nach St. Geörg gekommen mit Befehl, die Glocken von da hinwegzuführen: bittet um Bericht, was er zu thun. Orig.

33. Stuttgart. 20. Dezember. Herzog Ulrich schreibt Abte Johanni, er habe Jos Münch Gewalt gegeben, mit ihm zu handeln. Orig.

34. feria. 8. post Thomae. Jos Münch schreibet dem Herzog, er möchte sammt

Beilagen. 261

den Glocken auch zugleich die Privilegien und Silbergeschirr von St. Görgen hinwegführen lassen, aus Besorg, man möchte sonsten wegen der aufgebrachten Mönche darum kommen, deren 3 sich zu Zell wider den Befehl des Herzogs zu Episiler, Evangelier und Priester weihen lassen. Orig.

35. St. Georgen. 26. Dezember. Der getreu=katholische Schulmeister von St. Georgen Hieronymus Bolt berichtet, Abte Johanni, Jos Münch sei zu St. Georgen gewesen, aber des Gotteshaus halber nichts Endliches gehandelt, wohl aber Drohwort hören lassen und den ganzen Convent rauh angeredet u. s. w., sonsten aber gegen ihn Abte mit Worten eine große Freundschaft merken lassen: allein er sei ein listiger Lokvogel, mellita ipsius verba plena ... Er rathet, Abt Johannes solle werden bei Kaiserl. oder Königl. Maj., sagt auch, der Konvent halte sich wohl, er hoff, sie werden alle beharren. Orig.

36. d. 26. Dezember. Zwei Schreiben Jos Münch an Abt Johannes nach Rottweil und an den Convent zu St. Georgen, denen er zu wissen macht, er werde auf das neue Jahr oder Samstag darauf nach St. Georgen kommen, auf Befehl des Herzogs mit ihnen zu handeln, er Abt solle sich also nach St. Georgen verfügen ꝛc. in originali.

37. fer. 6. post Nativit. Abt Johann hatte drei Wochen lang Verschub begehrt, welches aber Jos Münch ihm abschlaget und nochmalen ihn Abt auf obige Tagsatzung nacher St. Georgen bescheidet, er solle auch das Inventarium und den Schlüssel zu dem Gewölb mitbringen, denn er Jos dasselbe besichtigen müsse u. s. w. Orig.

38. feria 5. post Nativitatis. Copia Schreiben Abt Johannis an Herrn Valentin Gottfried der Rechte Licentiaten und des Reichskammer=Gerichts zu Speier advocato und Procuratore, worin er die Gewaltthätigkeit des Herzogs und die Drohwort Jos München anziehet, auch darthut, wie das Kloster St. Georgen in des heil. röm. Reichs Schutz und Schirm, auch für ein Glied des heiligen Reichs wie andere Stände gehalten, auf die Reichstäg beschrieben ꝛc., seine Freiheiten von jetzt regierender Kaiserl. Maj. konfirmirt worden u. s. w.; bitte daher, er Prokurator möchte 2 pönal mandata an Seine Fürstl. Gn. und deren Landvogt ausbringen, auch denen von Rottweil mandirt wurde, ihn Abt bei seinen Rechten als ein Statt des heiligen Reichs zu handhaben, schützen u. s. w.

39. Fernerer Bericht, was sich mit den Gottshäusern in Württemberg, insonderheit dem Kloster St. Geörg in ao 1536 verloffen habe; welches gleichsam die Praeludia waren, worauf alsobald abominatio desolationis erfolgte.

40. Mörsburg. 18. November. Copia Trostschreibens von Herrn Johann Bischof zu Constanz an Abt Johannes zu St. Georgen; rathet ihm, keine Prädikanten, noch Pension u. s. w. anzunehmen, sondern ermahnet ihn vielmehr mit recht apostolischem Eifer, bei der heiligen katholischen Kirche zu verbleiben, alle Verfolgung, ja den Tod auszustehen, seine Zuflucht zu röm. Königl. Maj. als obersten Advokaten der heiligen christlichen Kirche zu nehmen, des Gottshaus Freiheit, Recht und Gerechtigkeit besten Vermögens handzuhaben: inter alia etiam: das Gottshaus sei nit in dem Land Württemberg gelegen und ohne Mittel dem heiligen Reich zugehörig, auch Württemberg nit anders dann mit Schirm verwandt.

41. St. Georgen. sabbato post Martini. Schreiben Ludwig Kinkners des ältern an Abt Johannes wegen einer Tagsatzung nach Stuttgart cum Revdmo Alperspacensi ꝛc. supra Nr. 22. item der Prädikant wolle hinweg u. s. w. Orig.

42) Pfullingen. feria. 2. post Elisabethae. Befehl Herzog Ulrichs, etliche Glocken aus den Klöstern zu nehmen und in das Zeughaus gen Stuttgart zu führen.

43. Wien. 25. November. Königlicher Befehl an das Hofgericht zu Rottweil, von

allen Prozessen in Glaubens- und Religionssachen laut kadauischen Vertrags und neu beschlossenen Artikeln mit dem Churfürsten aus Sachsen, stillzustehen.

44. Erster Bericht von dem Anfang der Gewaltthätigkeiten, die Herzog Ulrich gegen das Gottshaus St. Görg in anno 1535, verübt, zerrissen.

45. d. 8. Dezember. Bericht wie die Kastenvogtei, den Abt Johannes Herrn Truchseß zu Waldburg zugeschrieben.

46. d. 14. Januar. Revers von Melchior Gaiser und Veronika Kernen gegen Abt Johannes, als ihnen das Gut, so Hans Linweber gehabt, bestehend in Haus, Hofraite, 18 Jauchert Acker, 3 Mannsmad Gras im Brühl u. s. w. zu einem Handlehen geliehen worden gegen jährlich 3 fl. Geld, 6 Scheffel Vesen, 4 Scheffel vier Viertel Haber. 1 Henne, 2 Hühner, 50 Eier, daraus auch der Pfarrkirche jährlich Frucht 6 .... u. s. w. Orig.

47. fer. 5. post. Domin. Passionis Judica. Spruch- und Vertragbrief von Schweikard Freiherr von Gundelfingen, Jakob Freiherr zu Waldburg, Jakob von Seggendorf, zwischen Abt und Convent St. Görg an einem, dann der Gemeind zu Ingolbingen andern Theils, betreffend die Befugniß eines Prelaten das Buchholz, der Stokach genannt, und andere Wälder, davon je von 4 Jahren zu 4 Jahren 8 Jauchert auszuhauen und durch vier Jahr zu bannen, so daß kein Viehweid darinnen während der 4 Jahr solle sein. Orig. et copia.

48. Dominica post 21. Dezember. Dominica die post Thomae apostoli fr. Joachimus Brüning tunc temporis Prior ad St. Georgium celebravit ultimam missam apud S. Laurentium — it est in ecclesia parochiali — prohibitus a duce Württembergensi, sed tamen iterum restitutus ad Prioratum incepit iterum celebrare et praedicare Dominica cantate anno 1549. Ita propriis manibus annotavit Joachimus in calendario.

49. Samstag nach Matthäi. Bekenntniß der Leibeigenschaft der Störzin Jergen Lechenmanns Hausfrau in Gremlisbach. orig. cum sigillo Viti Fuchs Vogts zu Triberg.

50. 2. Januar. dito der Anna Müllerin des Hans Berlins in der Kirnach Hausfrau cum. sig. der Stadt Vehrenbach.

51. dito des Andreas .... in der Griesbach sammt Verzicht der vermeinten Freiheit der Fäll halb, darmit ein Herrschaft Triberg vermeint gefreit zu sein. orig. cum sigillo paene toto deperdito des Kerngerichts zu St. Jörg.

Damit schließen die Jahrbücher zum Jahre 1535. Zu jeder Nummer des Berichts ist angegeben: die Rubrica generalis, arca, fascic., No.

Regesten zu St. Georgen.
General-Landesarchiv in Carlsruhe.
St. Georgen. Convolut 18.

d. 1457. Montag vor Jakobi Apostoli. Abt Johannes von St. Georgen anerkennt als Schirmherrn unsere gnädige Herrschaft zu Württemberg und Elsen von Werdenberg, Hansen von Rechberg eheliche Hausfrau: „Wir sollen und wöllen auch der Reformation getreulich nachkommen und die halten u. s. w."

a. 1504. Donnerstag vor Okuli — 7. Merz — ersuchen Prior und Convent zu St. Georgen Herrn Ulrich, Herzog zu Württemberg als Kastenvogt um Hilf und Rath zur Visitation des Klosters. Darauf Herzog Ulrich ein Ordnung begriffen, wie es fürder mit allen des Klosters Sachen sollte gehalten werden.

d. 15. Mai 1534. Abt Johannes bittet den Herzog, ihn und sein Gotteshaus in Schirm zu nehmen und ihnen Schirmbriefe mitzutheilen.

Beilagen. 263

1534. Den 12. September verklagt Abt Johannes seine Unterthanen vor Herzog Ulrich und bittet, dieselben zur Leistung schuldiger Frohnbienste u. s. w. anzutreiben.
1535. Den 4. Juni hat Jos Münch von Rosenberg zu St. Georgen inventirt.
1535. Als Abt und Convent zu St. Georgen sich über Herzog Ulrichs vorhabende Reformation des Klosters beschwert, melden sie in ihrer Schrift, daß ihr Wille nicht sei, sich vom Fürstenthum zu sondern, oder ungehorsam zu sein, sondern nur die Stiftung und ihre Eide zu halten.
1536. Den 4. Januar hat der Vogt Jos Münch zu St. Georgen aus dem Gewölb die Kelch und Silbergeschirr, soviel noch darin befunden, wegnehmen und nach Hornberg führen lassen, auch die überflüssigen Glocken abheben lassen und die Mönche abgefertigt.
1547. Den 10. Merz. Der Vogt Jos Münch berichtet: es habe der Abt von St. Georgen schon zum zweiten Mal seinen Schreiber und seinen Schaffner zu Rottweil an ihn geschickt wegen der Restitution.
1547. Den 10. Merz. Abt und Convent suppliciren um die Restitution; die Räthe haben sich vernehmen lassen, daß die katholische Religionsübung zur Zeit noch nicht im Kloster geduldet werden könne.
1547. Den 13. April. Der Vogt Jos Münch berichtet über seine Unterhandlungen mit dem Abt wegen der Restitution.

Beilage 14.

Berichte der Stamser Chronik betreffend Bebenhausen. Mitgetheilt von hochw. P. Fortunat Spielmann, Archivar in Kloster Stams in Tirol.

Sortem gravem experta sunt coenobia ordinis nostri Wuertenbergica. Ulricus ducatui restitutus, sed a sacris catholicis alienus, Dominorum Albam pulsis monachis evastari jussit. Bebenhusae abbatem quo tunc carebat, praefici prohibuit. Prior hujus inclytae abbatiae Leonardus Josius Religiosos dispergere cogebatur. Ex quibus Sebastianus Lucius Salemium directus a Salemitano praesule Joanne, cui Religiosorum Stamsensium paucitas erat comperta,[1] Stamsium missus atque ab abbate nostro libentissime est susceptus. In den additamentis zur Stamser Chronik wird berichtet: Abbatiam Bebenhusanam anno 1535 exeunte adhuc vacasse, Religiosos vero exulare coactos huisse innuunt literae Joannis abbatis Salemitani ad Pelagium nostrum, quibus huic Sebastianum Lucium ita commendat: „Reverende pater. Ob quantas tribulationes multas et malas, ob quot tirannicas persecutiones, ac propter miserabiles peregrinationes, ob votum, justitiam et jura monasterii in Bebenhausen conservanda, ad nos per venerabilem Patrem Leonardum Jos, priorem in Bebenhausen, transmissus sit, presentium lator, Frater Sebastianus Lutz monachus et sacerdos ibidem originaliter professus referet, quem profecto ob honeste vite sue probitatem, indubitate que catholice fidei constanciam, nostrorum fratrum coadunessemus consortio, nisi varia, nostro monasterio Salem imminentia obstitissent discrimina et incommoda. Quapropter ob specialem, quam in Vestram referendam Paternitatem gerimus confidentiam, obque Regularium (vestri monasterii) personarum carentiam, obnixius precamur, ut hunc fratrem boni testimonii, probate que fidei, ad aliquod tempus usque, sub umbra alarum suarum in monasterio

---

[1] Es waren dazumal nur mehr zwei Conventualen im Kloster Stams, von denen der damalige Abt schreibt: „Unter den baiden conventualen, der ain schwachhait und gebrechlichhait halben seines leibs, und der ander, daß er aines unsteeten selzamen zerrütten gemüts ist, mir in meinen obliegenden notdürfften und haushablichen weesen gar kain hilf oder beistand tun mögen."

suo protegat ac defendat, donec furor hostilis transeat et cet. Datum in monasterio nostro Salem sub sigillo nostro abbatiali octavo decimo die decembris anno 1535.

Weiter berichtet die Stamser Chronik: Haud multo post alii sex Bebenhusenses inter quos ipse Prior Leonardus ab eodem abbate Salemitano missi sub anni 1536 initium advenerunt. Sic denique ordinis disciplina et oeconomia coenobii nostri restaurari posse videbantur. (Leider hatten der unsrigen apostasirt und aufugaverunt.) Quare diversis officiis ab abbate praefecti sunt. Der damalige Abt von Stams, Pelagius schreibt: „Nun hab ich gleichwohl sechs Conventuales und ain Convers aus dem Gottshaus zu Bebenhausen, aus denen ich ainen Prior, den andern Subprior, den dritten Mitkelkeller und den vierten einen Diener ze fein verordnet, und sie all warlich nun von Herzen gern hab. Dieselben Bebenhausischen auch meine Conventuales halten sich fürwar in allen Dingen, als solchen gaistlichen leuten zu tun gepurt. Sie wöllen mir aber in den Dingen die Hauswirthschaft betreffend, als die notdurft wol erforbert, und sie aus Ursach dieweil sie narung und unterhaltung allda nemen, zu tun schuldig wären, mit tapferer hilf und rat nit beistendig sein, sondern sagen, sie seien fremd u. s. w. (Leonard Jos war Prior und Sebastian Luz Kellermeister im Kloster Stams.)

Itaque cum duobus Bebenhusanis a Regimine mense Septembri 1536 Oenipontem accitus est (abbas); Sebastianus Lucius bursarii officia gerere, abbas ipse disciplinam curare, in oeconomicis vero nil sine ejusdem Sebastiani et Leonardi Prioris consiliis agere jussus. Fratre igitur Sebastiano officium bursarii egregie et fideliter administrante, Prioreque similiter tam seipsum quam alios religiose tractare nitente, omnium tam abbatis quam Stambsensium conventualium caeterorumque saecularium famulorum in se odium concitarunt: volitabat enim ubique fama, quod hi dicti aliique ex Bebenhausen fratres omnia bona monasterii omnemque potestatem sibi arrogare et in se transferre niterentur. Jam prope annum in officio bursarii et oeconomia administranda multas inter adversitates expleverat Sebastianus Lucius. Supplicavit proinde Regimini, ut ab hoc onere quam primum absolveretur, crebras suas infirmitates, hebetudinem memoriae, regionis hujatis ignorantiam, Stamsensium suspiciones, aliaque varia causatus. Eodem tempore Sebastianus Lucius hinc Salemium discedendi copiam eflagitavit a Regimine, aegre tandem eam obtinuit, cum commendatiis ad Salemitanum Praesulem.

Im Jahre 1539 verließen die Bebenhauser Mönche sämmtlich das Kloster Stams, Leonard Jos jedoch mit dem Versprechen, er werde wieder kommen, aber von einer Rückkehr geschieht keine Erwähnung mehr. (Gütige Mittheilung des hochw. P. Fortunat in Stams.)

Beilage 15.
Zur Geschichte der Carthause Güterstein.

Die hauptsächlichste Quelle für die Geschichte der Carthause, früher Benediktiner-Probstei Güterstein bei Urach, ist der Gütersteiner Nekrolog, ein Pergament-Codex von 188 Blättern, Handschrift der K. Oeff. Bibliothek Histor. fol. 421. Dieser Nekrolog enthält nicht nur die für die Wohlthäter und Mönche des Klosters in Güterstein zu haltenden Jahrtage, sondern auch das Jahresgedächtniß zahlreicher Wohlthäter des ganzen Ordens in verschiedenen Ländern Europa's, z. B. Papst Eugen IV. 1447 (Seite 30), Alexander VI. 1503 und Sixtus IV. (S. 115), Wilhelm, Patriarch von Antiochien 1472 (S. 39), Bischof Berthold von Hildesheim 1502 (S. 63), Kaiser Maximilian 1519 (S. 6b); Ferdinand, König von Arragonien (S. 12); Wladislaus, König von Böhmen und Ungarn 1516 (S. 36); Matthias, König von Ungarn 1490 (S. 48); Karl VII.,

König von Frankreich und der König von Castilien und Leon (S. 102); Königin Anna von Frankreich (S. 5); Elisabeth, Königin von England 1503 (S. 21); Johanna, Königin von Schottland (S. 111); die Königin von Arragonien 1459 (S. 124); Barbara, Königin von Polen (S. 138); Elisabeth, Königin von Spanien (S. 165); Margaretha, Herzogin von Sachsen (S. 21); Albert, Herzog von Bayern (S. 38); Philipp, Herzog von Burgund (S. 80); Elisabeth, Herzogin von Schlesien und Markgräfin von Brandenburg (S. 152); Margaretha, Herzogin von Burgund (S. 164); Ludwig, Landgraf von Hessen 1472 (S. 156).

Als Mitglieder oder Wohlthäter des Klosters Güterstein werden im Nekrolog genannt:

1. **Prioren des Klosters:**

Albertus Krus, prior hujus domus. 1515 (S. 6).

Bartholomaeus Rueger, de Ehingen, primo professus hic, depost prior electus in Ilnbach, postea hic electus in priorem, quintus in ordine, vir utique maturus et. cet. 1499 (S. 12 und 186).

Jacobus Pauler prior hujus domus et monachus professus in Buxia (S. 36), d. i. Buxheim bei Memmingen.

Hainricus de Grueningen, primo professus et prior in Fryburg depost primus rector et prior hujus domus. 1445 (S. 39 und 186).

Conradus Muenchinger, primo professus et prior in Friburg, secundo hic fuit prior electus (S. 186).

Alberchtus Humel hic primo professus, depost prior electus ad domum orti et postea hic quartus in ordine in priorem electus, qui utique fuit vir strenuus in officio sibi commisso, non obstante senio providus, corde et animo fidus et cet., qui creditam sibi domum sollicite nimis multos ad annos laudabiliter rexit atque edificiis perutilibus et ceteris commoditatibus intra et extra ut videntibus liquet ad incrementum prospiciens domino adjutore perduxit in tantum, ut fere alter reparator seu fundator non immerito dici possit hujus domus boni lapidis; quaere sua beneficia in libro benefactorum. 1501 (S. 186 und 161).

Alberchtus Rot de Nyfen, primo professus in Buxia et tertius prior in ordine hujus domus electus (S. 186); laudabiliter rexit domum tam in spiritualibus quam in temporalibus (S. 172).

Henricus Burger ab antiquo (d. i. zur Zeit der Benediktiner-Probstei) hujus monasterii praepositus. 1429 (S. 178).

Johannes Nyperg, monachus professus hujus domus, qui fuit prior hujus domus, obiit a. 1511 (S. 162b).

2. **Mönche in Güterstein.**

Eybanus Künberger, Profeß und Priester 1520 (6b).

Johannes Brün, Profeß, 1526 (S. 11).

Wilhelm Salzmann, Profeß, 1496 (S. 14).

Ulrich Schenkel, Profeß, von Neusen 1472 (S. 17).

Martin Butzer von Reutlingen, artium magister, sacerdos et donatus, laudabili commendatione dignus, professus hujus domus 1494.

Johannes, laicus professus hujus domus 1504 (S. 41).

Georg Schöblin, Profeß und Priester 1515 (S. 51).

Jodokus von Ravensburg, Profeß 1514 (S. 54).

Johannes Bregenzer; Profeß 1513 (S. 54).

Petrus, cocus, conversus professus hujus domus 1478 (S. 55).

Johannes baptizatus monachus professus hujus domus. 1477 (S. 57).
Melchior Scriptoris, von Gröningen, Profeß, 1495 (S. 67).
Johannes Lötterich, Profeß, 1482 (S. 72).
Stephanus, conversus professus hujus domus. 1509 (S. 74).
Michael, Profeß, 1483 (S. 75).
Bruder Trutwin von Grüningen, conversus professus hujus domus. 1461 (S. 76).
Johannes Prediger von Meßkirch, Profeß, 1489 (S. 79).
Thomas Finl, medic. doctor. monachus professus hujus domus.
Conrad Rietesel, qui multo tempore fuit plebanus in niffen (Reufen), postea monachus professus primo domus aulae mariae in buchshein, secundo domus boni lapidis. 1466 (S. 99).
Heinrich Herblin, Profeß, 1488 (S. 108).
Peter Huber, Profeß, 1487 (S. 113).
Johannes Mikel, Profeß, 1508 (S. 114).
Jodolus Frankfurt, Profeß, 1500 (S. 114).
Willibald, Profeß und Priester 1497 (S. 118).
Georg Renhardi, Profeß, 1519 (S. 131).
Felix von Eßlingen, qui factus monachus hujus domus donavit 77 florenos et quinque cyphos argenteos valentes forte 30 aureos (S. 150).
Heinrich Gutbrod, Profeß, 1488 (S. 151).
Johannes Stümp, Profeß, 1509 (S. 151).
Johannes Hürling, monachus professus domorum ordinis primo aulae mariae in buchshain secundo beatae Mariae in bono lapide. 1483 (S. 158).
Berthold Büttel, Profeß, 1469 (S. 169).
Clemens von Altdorf, Profeß, 1530 (S. 171).
Johannes Kubach, Profeß (S. 171).
Albert Hummel von Donzdorf, Profeß, später Prior (S. 173).
Conrad Graber von Murtingen bei Augsburg, conversus professus (S. 175).
Bernhard Knoll von Grüningen (d. i. Markgröningen), Profeß, 1493 (S. 175).
Peter Schmid aus Franken, Profeß, 1459 (S. 175).
Leonhard von Kirchen, conversus professus hujus domus. 1509 (S. 58).
Johannes Firer von Rieblingen, conversus professus h. d. (S. 58).
Johannes Stephani, conversus professus h. d. 1510 (S. 94).
Peter, conversus et professus h. d. sartor 1461 (S. 153).
Eberhard von Heidenheim, conversus professus hujus domus. 1511 (S. 182).
Peter Schmelzlin von Rublingen (Reutlingen?), Profeß und Priester, 1496 (S. 177).
Johannes Mysner, Profeß, 1517 (S. 186).
Friedrich Vogt von Constanz, redditus laicus professus hujus domus 1473 (S. 173).
Johannes laicus redditus professus (S. 41).
Als donati des Klosters werden vom Nekrolog genannt: Johannes Schlecht, Priester; Georg donatus hujus domus (S. 49); Johannes Pfefferlin 1461; Johannes Klaib donatus laicus 1510; Johannes Lusmau 1484; Conrad Blank von Münsingen donatus sacerdos 1513. Unter den Dienern des Klosters wird genannt z. B. Cunzo servus fidelis hujus domus, in Bohemia miserabiliter ab Hussitis interemptus. 1430. (S. 113).

2. Geistliche Stifter des Klosters.

Jakob Brakenhofer, Kaplan in Hayingen; Bartholomäus, Plebanus in Eningen; Conrad Stöffler, Pleban in Gundershofen, bonus fautor et benefactor noster. 1514.

Johannes Hal, Kaplan in Kirchen, bonus fautor; Bertholb Büttel, Pleban in Dettingen und Dekan, bonus fautor noster. 1450; Conrab Brugner, Kaplan in Dettingen, benefactor hujus domus; Conrad Renner, Kaplan in Dettingen qui dedit nobis aliquot libros; Berthold Göler von Ravensburg canonicus in Speier; Johannes Koch, Kaplan in Kirchen; Berthold Schmid alias Huber, Kaplan in Urach, donavit 40 fl.; Johannes Buzer, Dekan von Trochtelfingen; Johannes Zobrer von Leonberg, sacrae theol. Dr., legavit nobis plures notabiles libros. 1450; Johannes Kleinheinz, Kaplan in Hayingen, dedit pro remedio animae suae quinquaginta florenos atque in argento diversa clenodia in valore decem florenorum (S. 145).

Burkard, Kaplan unseres gnädigen Herrn, Eberhards des älteren von Württemberg, qui dedit nobis notabiles libros et pretiosum vestitum ad missam et alia clinodia in auro et argento (S. 148).

Conrad Hepler, Pleban in Wittlingen, quaere beneficia in libro benefactorum (S. 163).

Nikolaus Keuslin von Urach, Pleban in Upfingen, liegt hier in der Kirche begraben. Seine Wohlthaten siehe im Buche unserer Wohlthäter. 1471 (S. 175).

Johannes Besinger, Dekan des Dekanats Münsingen und Pfarrer in Magolsheim, hat gegeben 20 fl. (S. 182).

Conrad Klib, Kämerer in Dettingen, legavit 40 fl. (S. 118).

Johannes Satler von Urach, Canonikus in Sindelfingen (S. 5b), Konrab von Stain, Abt von Zwiefalten; Leonhard Beltz, Canonikus und Custos der Stiftskirche in Stuttgart hat 300 fl. Almosen gegeben und 100 fl. zu einem Jahrtag, obiit 1476; Conrad Bämli, Dekan der Collegiatkirche in Tübingen (S. 61); Magister Peter Brenzing, Canonikus in Wiesensteig und Pleban in Merklinngen, seine Wohlthaten siehe im Buche unserer Wohlthäter; Michael von Reischach, Canonikus zu St. Stephan in Constanz; Friedrich Sölr von Richtenberg, Canonicus ecclesiae majoris Constantiae 1459 (S. 180).

Johannes Rot unser Mitbruder, von Rottenburg, ein großer Wohlthäter unseres Hauses, wie das Buch unserer Wohlthäter ausweist (S. 154).

Aus dem Hause des Grafen von Württemberg als Fundatoren des Klosters nennt der Nekrolog verschiedene Mitglieder und deren Jahrtage und verweist bezüglich ihrer Stiftungen auf den liber benefactorum; z. B. Margaretha Gräfin von Württemberg und Henrietta Gräfin von Mömpelgard (S. 26), Eberhard der ältere; obiit isto die (19. Juni) comes Andreas adhuc puer octo dierum, hic intra ecclesiam sepultus. 1443 (S. 70), Erzherzogin Mechtild (S. 117); Graf Ulrich von Württemberg, fundator hujus domus, obiit anno 1480 in bona aetate in Leonberg (S. 122b). Auch für einen Herzog Ulrich von Tek führt der Nekrolog (S. 160) einen Jahrtag auf.

4. Stifter und Wohlthäter aus dem Adel.

Itel Spät von Eglingen dedit curiam in Totingen auf der Alp (S. 15); Dietrich Spät, miles, detit curiam in Witlingen et dedit cingulum argenteum in valore sexaginta florenorum. (S. 16); Johannes Spät, armiger, seine Frau Beatrix, ihr Sohn Heinrich, Beta und Albert Spät, ihre Wohlthaten siehe im Buch unserer Wohlthäter (S. 80); Heinrich Spät, armiger 1408, Agatha seine Tochter und Frau des Heinrich von Bernau 1447, donavit unam casulam satis bonam (S. 50); Caspar Spät, occubuit in bello quodam ducis pallentini cum comite Udalrico de Wirtenberg. (S. 60); Rudolf von Hohenegg und Agatha Spätin seine Frau, Theodorich Spät obiit 1446; Theobald Spät, miles, und Amelia sein Frau, qui dederunt centum florenos 1402 (S. 63); Beta Spätin, Frau des Truchsessen Swigger von Gundelfingen, ihre

Wohlthaten siehe im Buch der Wohlthäter (S. 67); Johannes Spät obiit 1497 und seine Frau Linburg von Werbnau (S. 95); Johannes Spät armiger, genannt Mager, Agatha seine Frau, Bolmar Spät von Dettingen (S. 113); Reinhard Spät; für obigen Johannes Spät wurden jährlich vier Jahrtage gehalten in Gutenstein; Burkard Spät armiger und Elisabeth Bergerin seine Frau, ihre Wohlthaten siehe im Buch der Wohlthäter; Hans von Grüningen einer von Hornstein; die Edelfrau Rempin von Pfullingen; Hans Kaib armiger; Eberhard Sölr nobilis von Richtenberg, magnus promotor noster; Diemo von Steinhülben armiger; Burkard Truchseß von Höfingen und Anna seine Frau; Sophie von Rabberg 1479; Wolf von Grafenek, Utta Schenkin von Wintersletten, Bernolt, Ludwig, Eigel und Utta von Grafenek 1459; Friedrich von Gundelfingen; Johannes von Lichtervelbe, Ursula von Hairnstain; Elisabeth von Werbnau; Wilhelm von Werbnau; Kaspar von Klingenberg; Frau von Leutringen; Ludwig, Baron von Greisenstein egregius doctor legum, dedit 100 fl. cum preciosa casula, hic sepultus (S. 66). Johann Friedrich Uefflinger Dr. utriusque juris, Conrad Uefflinger, Johannes sein Bruder 1507, dederunt 52 rh. fl.; Eberlin von Reischach; Eberhard und Barbara von Landau benefactrix domus nostrae; Johannes Blez von Rotenstein und seine Frau Mechtilb von Fürst, dedit 100 rh. fl., qui etiam cum dicta conthorali habet sibi apud nos promissam sepulturam in capella dominorum (S. 102); Baron Werner von Zimmern und seine Frau Anna Gräfin von Kirchberg (S. 110); Anna de var; Heinrich und Albert Bollant von Gröningen (S. 119 und 124); Anna von Schellenberg, Frau des Ludwig von Grafenek; Michael von Freiberg donavit 4 vaccas et totidem vitulos; Rudolf von Ehingen 1468; Wendelin und Reinhard von Reiperg; Johannes von Lichtenstein; Gerloch armiger; Dr. med. Burkard von Walddorf und sein Vater Wolf armiger u. j. w.; Ulrich vom Hart artium liberalium magister und Rektor der Kirche zu Bissingen, dessen Eltern Rudolf und Abelhaid; Berthold vom Hart (S. 71); Thiebold von Niblingen und seine Frau Amelia von Stain; Conrad Schilling armiger dedit album equum; Burkard von Elerbach miles, dedit domum in Urach.

Unter den zahlreichen nichtadeligen Laien, welche der Nekrolog als Wohlthäter des Klosters nennt, befinden sich z. B. folgende: Johannes Gisinger magnus fautor et promotor noster; Gregor Lamparter von Biberach, Kanzler unsers gnädigen Herrn von Württemberg dedit anno 1505 100 rh. fl.; Brigitta Mälerin von Riedlingen quae fuit cameraria archiducissae Austriae; Conrad Schott von Urach dedit unam casulam cum attinenciis; Meister Castel von Augsburg operarius in serico dedit in vita pro perpetuo monacho instituendo sexcentos florenos und setzte den Convent zu seinem Erben ein; Georg Flöß von Nörlingen dedit notabiles libros; Johannes Büttel von Reusen artium liberalium magister dedit plures notabiles libros 1455; Meister Johannes, Bildhauer von Ulm tabula nostra in choro ab ipso empta; Magnus benefactor et promotor hujus domus magister Johannes Glaz de Stukgardio apothecarius generosorum dominorum nostrorum de Wirtemberg; Albrecht Keller pincerna gen. dominae nostrae de Austria; Berthold Pfell von Rottenburg, post obitum suum heredes suarum rerum fuimus et totam bibliam chori nobis conscribere fecit; Auberlin, Thürhüter der domina de Austria; Johannes Schenz von Urach, fidelis procurator hujus domus et negociorum executor maxime in domo nostra in Urach 1442; Egidius Herwart, unser großer Wohlthäter, Bürger von Ulm, schenkte uns 45 fl. et in testamento legavit nobis 600 aureos nummos pro fundatione cellae super fontem et perpetuo monacho. 1516.

Orts-Register.

	Seite
Adelberg, Prämonstratenser-Abtei	81, 237, 250
Alpirsbach, Benediktiner-Abtei	147, 254, 256
Anhausen, Benediktiner-Abtei	68
Balnang, Collegiat-Stift	203
Bebenhausen, Cistercienser-Abtei	8, 237, 243, 245, 246, 247, 268
Blaubeuren, Benediktiner-Abtei	139, 252
Denkendorf, Chorherrn vom Orden des hl. Grabes	178
Dettingen, Brüder des gem. Lebens, siehe Urach.	
Einsiedel, St. Peters-Stift	225
Engelberg, Augustiner-Eremiten	230
Faurndau, Collegiat-Stift	211
St. Georgen, Benediktiner-Abtei	166, 257
Güterstein, Carthäuser	231, 264
Herbrechtingen, Chorherrn-Stift	188
Herrenalb, Cistercienser-Abtei	22, 237, 248
Herrenberg, Collegiat-Stift	195
Hirschau, Benediktiner-Abtei	51
Kniebis, Priorat	228
Königsbronn, Cistercienser-Abtei	98
Lorch, Benediktiner-Abtei	107
Lorch, Collegiat-Stift	224
Markgröningen, Spitalbrüder	235
Maulbronn, Cistercienser-Abtei	37
Möckmühl, Collegiat-Stift	199
Murrhardt, Benediktiner-Abtei	117
Nellingen, Probstei	227
Oberhofen, Collegiat-Stift	208
Reichenbach, Priorat	191
Sindelfingen, Chorherrn-Stift	213
Stuttgart, Collegiat-Stift	218
Stuttgart, Dominikaner, siehe Stuttgart Stift.	
Tachenhausen, Brüder des gemeinsamen Lebens, siehe Urach.	
Tübingen, Collegiat-Stift	215
Urach, Collegiat-Stift, zuvor Fraterhaus	222